人間関係に悩まなくなる すごい 心理術69

心理学者
内藤誼人
Yoshihito Naito

ぱる出版

まえがき

お金のこと、仕事のこと、恋愛のこと、健康のこと…。私たちには悩みがつきません。けれども、一番大きな悩みということでいえば、これはもう間違いなく「人間関係」。私たちにとっての最大の悩みは、人間関係だと断言できます。なぜなら数多くの研究が、人間関係こそ悩みの最大要因であることを示しているからです。

カリフォルニア州立大学のクリスタル・パークは、「過去1年間でもっともストレスを感じたこと」という調査をしてみたことがあるのですが、「人間関係」がリストの最上位に挙げられました。

米国クレムソン大学のロビン・コワルスキによる2020年の研究でも同じ傾向が明らかにされています。

コワルスキは、30歳から76歳までの189人の成人に、「もし若い頃の自分にアドバイスするとしたら、どんな言葉をかけてあげますか?」という質問をすることで、人生において何を後悔しているのかを間接的に調べてみたのですが、やはり「人間関係」が後悔をもたらす要因の1位でした。

「若い頃の自分に何とアドバイスをしますか？」というコワルスキの問いに対して、多くの回答者は、「早まって結婚するな！」「友だちは選べ！」というように、人間関係のアドバイスをすることが多かったのです。学業やお金について後悔している人もいましたが、比べものにならないくらい後悔をもたらす1位は人間関係でした。

私たちにとっての悩みの種は、「人間関係」。

ということは、**裏を返せば人間関係をうまくやるようにすれば、人生における悩みの大部分を解決できるということです。**

では、どうすれば人間関係で悩まずにすませられるのでしょうか。

そのための具体的な処方箋を提供するのが、本書の目的です。

人間関係に悩み、悶々とした気持ちで暮らしている人に、ぜひ本書をお読みいただきたいと思います。心の中の鬱々とした気持ちは、きれいさっぱり吹き飛び、晴れやかな気持ちになれることを保証します。

人間関係に悩まないようにするためには、苦しい努力もいりません。**ほんのちょっと思考を変えたり、行動やライフスタイルを変えたりするだけで、だれでも悩みを吹き飛ばす**

ことができるのです。「えっ、こんな簡単なことに気をつけるだけでいいの⁉」と拍子抜けするかもしれません。

ぜひ本書を有効活用して、心の中のモヤモヤを吹き飛ばしてください！

それでは、最後までよろしくお付き合いいただきたいと思います。

目次

第1章 心がスッと軽くなる思考術

第2章 悩みが多い人のための交際術

第3章 心配ごとがきれいに消える心理術

第4章 人間関係がさらにうまくいくための心理テクニック

第5章

毎日の悩みとストレスが解消されるテクニック

第6章

もう人間関係で悩まない

編集協力：小島義晴

第1章

心がスッと軽くなる思考術

01 だれも自分のことなんて気にしてないよ、と考えよう

「周りの人に、私はどんなふうに思われているのかしら？」

「みんなうわべではやさしいけど、本当は僕のことを嫌っているんじゃないかな…」

「私の顔にできたニキビを、みんながじろじろ見ている気がする…」

「服装のセンスがないヤツだなって思われていないかな」

私たちは、だれでも自分が周りの人にどう思われているのかが気になるもの。

では、そんなみなさんのために、ものすごくタメになるお話をしておきましょう。はっきり申し上げれば、**他の人たちは、みなさんのことなど気にしていません。もっとはっきり言うと、「他の人なんてどうでもいい」と思っているはずです。**

他の人にどう思われているかなど、もともと悩む必要なんてこれっぽっちもないのです。どうでしょう。こういう事実を知れば、少しは心も軽くなるのではないでしょうか。

私たちは、自分自身にだけスポットライトが当たっていて、周囲の人から浮き上がって見えていると思いがち。

こうした心理傾向は、「スポットライト効果」と呼ばれています。本当はスポットライトなんて当たっていませんし、だれもみなさんのことなど気にも留めていないのに、自分だけがスポットライトが当たっているように感じて、あれこれ悩んでいることが多いのです。

コーネル大学のトーマス・ギロビッチは、実験参加者にとても恥ずかしいTシャツを着てもらい、キャンパス内を歩いてきてもらいました。

そして元の場所に戻ってきたとき、「通り過ぎた人たちが、どれくらいあなたのことを見ていたと思いますか？」と尋ねてみました。すると参加者たちは平均して「47％の人は、私のことをじろじろと見ていた」と答えたのです。特に男性が自意識過剰で、59％が自分を見ているとしました。

ところが実際には、そんなに見ていませんでした。参加者の後からこっそり後をつけた人が、通り過ぎる人がいるたびに、「さっきすれ違った人のTシャツを見ました？」と確認してまわっていたのですが、24％の人しか見ていなかったのです。

他の人は、みなさんのことなどそんなに気にしていないのですよ。

「いやあ、たったひとつの研究だけでは…」と思う人がいるかもしれませんね。

ですが、ギロビッチの研究は、ドイツにあるウルム大学のステファン・ファツェイチャーも追試研究をしているのです。

ファツェイチャーがドイツのポップ歌手フロリアン・シルベライセンの顔写真がプリントされたTシャツ、あるいはアルカイダの元リーダーであるオサマビンラディンのTシャツ、旧ソ連の国旗のTシャツで追試してみたところ、やはりスポットライト効果が確認されました。

相当に目立つような格好をしていても、他の人はそんなにみなさんのことなど見ていません。ですので、ビクビクする必要はまったくないのです。

少しくらいメイクが崩れていようが、髪の毛に寝ぐせがついていようが、シャツにシミがついていようが、心配することもないのです。だれも気にしていませんから。

02 自己アピールがヘタでも、全然気にしなくてOK

極度の内気で、引っ込み思案で、人と会うとしどろもどろになってしまう人がいます。自分のよさを他人にわかってもらいたいとは思うものの、自己アピールがうまくできないので、人に会うたびに残念な思いをしてしまう人です。

ひょっとすると、読者のみなさんの中には、そういうタイプの人がいるかもしれませんね。ですが、自己アピールがうまくできなくとも、まったく気にしなくて大丈夫ですよ。わざわざ自己アピールなどしなくとも、そのうちみなさんの良さは他の人にわかってもらえるはずですから。

カナダにあるブリティッシュ・コロンビア大学のデルロイ・ポーラスは、お互いに面識のない大学生たちを集めて心理テストを受けてもらい、それから4人、あるいは5人のグループを作らせて、毎週20分、7週間連続でミーティングをしてもらいました。

ミーティングで話し合うテーマは、自分の家族のこと、自分の長所や短所など、毎回異なるテーマにしました。ミーティングが終わると、毎回、他のメンバーについての印象を答えてもらいました。

その評価を分析してみると、1回目にメンバーから高い評価を受けるのはナルシストタイプの人でした。ナルシストタイプは、振る舞いも堂々としていますし、自己アピールも得意なので好印象を与えたのです。

ところが、そんなナルシストタイプは、7回目のミーティングには嫌われていました。初回こそ好印象を与えるものの、そのうち他のメンバーには嫌われてしまったのです。「なんだかあいつ自分ばっかりしゃべっているな」「大きなことを言うクセに、口だけなんだよね」というように、メッキがはがれてしまうのです。

その点、自己アピールが苦手な内気な人は、7回目のミーティングの後では良い印象を与えていました。他のメンバーもさすがに7回も顔を合わせていれば、内気な人の良さがわかってくるのです。「落ち着いていていい」「謙虚な感じがいい」というように。

自己アピールができないからといって、落ち込んだり、悩んだりすることはありません。第一印象はちょっとだけソンをするかもしれませんが、そのうちリカバリーできるのですから、悩む必要はないのです。

内気な人は、そんなに焦って自己アピールしようとしないほうがいいですよ。自分の良さはゆっくりわかってもらえればいいか、と割り切って、気にしすぎないようにするのがポイントです。

03 会えば会うほど魅力を感じてもらえる

「私は顔がブサイクだから、人に好きになってもらえない」

「私は、ぽっちゃり体型だから、たぶん他の人に嫌われている」

「私は、肌がガサガサで、気持ち悪いと思われているはず」

もし読者のみなさんがそんなふうに思っているのだとしたら、小さいことなど気にしないほうがいいですよ、とアドバイスしておきましょう。

みなさんがどのようなコンプレックスを抱えているのかはわかりませんが、同じ人に何度も会っていると、相手はみなさんのことを受け入れてくれますし、好きになってくれるものだからです。

これを心理学では、「単純接触の効果」と呼んでいます。

何度も、何度も顔を会わせていると、相手の短所など気にならなくなり、長所のほうを大きく評価してくれるようになるのです。

私たちは、慣れ親しんだ人には親しみを感じます。嫌いになることなどありません。

私の知り合いの女性は、「私、ハゲだけはムリ。絶対にハゲの人とは付き合わない」と公言していましたが、いざ結婚するときには、頭がツルツルの男性と結婚しました。写真を見せてもらうと、薄毛どころか、完全にハゲの男性でしたが、どうして結婚したのかとその理由を聞いてみると、何となく付き合っているうちに「気にならなくなった」とのこと。こういうことはよくあります。

とにかく自分のコンプレックスなど気にせず、臆せずに付き合えばいいのです。会えば会うほど、人には好かれますので、「私は数で勝負だ！」と思っていたほうがいいですね。

ピッツバーグ大学のリチャード・モレランドは、外見の魅力に差がない4人の女性アシスタントを心理学の講義に出席させ、いつでも一番前の席に座らせて、他の生徒からよく

会う回数が増えるほど、好かれる可能性も高まる

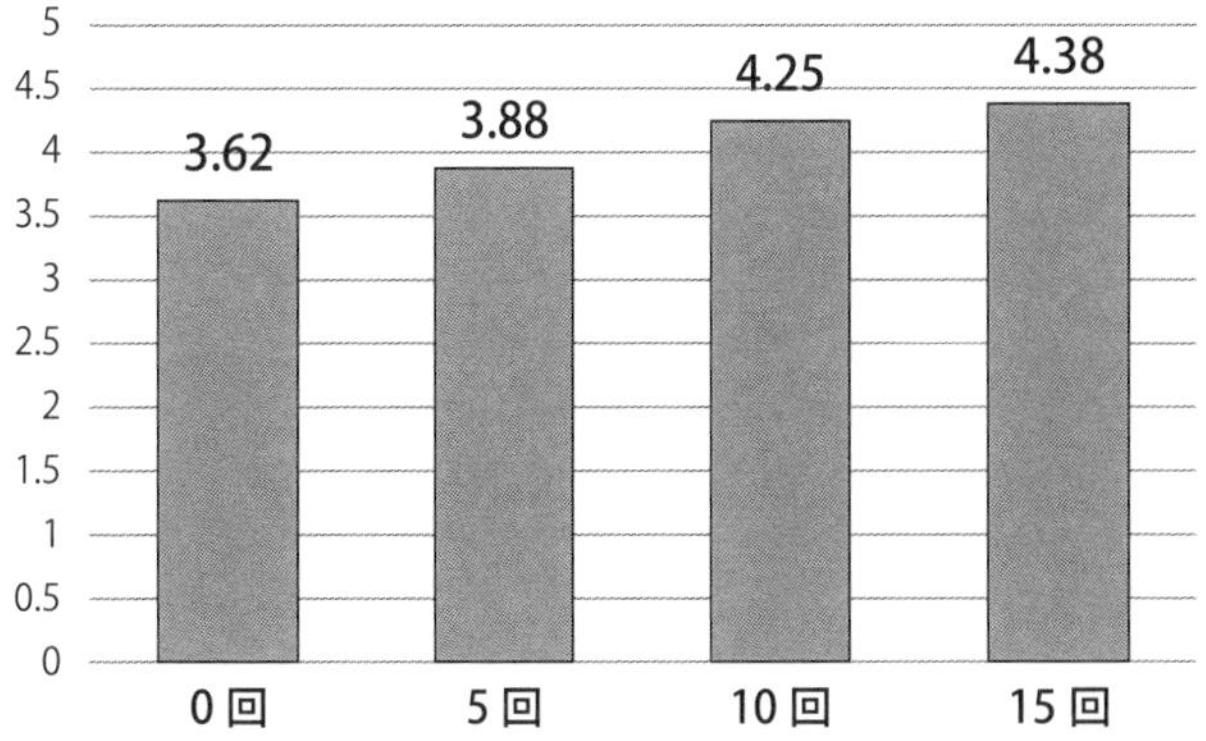

＊数値は7点満点。7点に近いほど「魅力的」だと評価されたことを示す。
＊魅力は「友人になりたいか」「一緒にいて楽しそうだと思うか」などで測定。
（出典：Moreland, R. L., & Beach, S. R., 1992）

見えるようにしました。ただし、4人のアシスタントは出席する回数が違います。1回も出席しない人もいれば、15回の講義全部に出席する人もいました。

最後の講義のときに、同じ講義を履修している学生たちにその4人について、魅力を尋ねてみました。すると、上のグラフのような結果になったそうです。

何度も講義に出席して、他の学生に顔をよく見せていた人ほど好ましく評価してもらえることがわかりますね。

ちょっとくらい自分の体型や内面にコンプレックスがあっても、そんなに気にしないほうがいいですよ。慣れてくれれば好まし

く評価してもらえるのですから、そうなることを楽しみに待てばいいのです。

04 老け顔を好ましく思う人もいる

年齢よりもずいぶん老けて見られる人がいます。いわゆる「老け顔」の人です。若く見えたほうが魅力的であることは事実ですが、だからといって老け顔がダメなのかというと、そんなこともありません。

むしろ「老け顔のほうがイイ」と感じる人もいるのです。

「私は老け顔だから、異性に相手にされない」ということで悩んでいる人がいるかもしれませんが、そういう心配は杞憂《きゆう》です。世の中には、老け顔のほうがむしろ魅力的だと感じる人も少なくないのですから。

では、どんな人が老け顔に魅力を感じるかというと、ご両親が年配の人。その人が生まれたとき、両親がそんなに若くなかったりすると、大人になってからも老け顔に魅力を感じるようになります。なぜなら、老けた顔がその人にとっては赤ちゃんだった頃から一番見慣れた顔だからです。

英国セント・アンドリュース大学のデビット・ペレットは、35人の男性と48人の女性にいろいろな年齢の顔写真を見せて、デートの相手として魅力を感じるかどうかを聞きました。その一方で、自分が生まれたときの両親の年齢についても教えてもらいました。

その結果、年齢の高い両親に生まれた子どもほど、若い顔に対してあまり魅力を感じることがなく、むしろ老け顔に魅力を感じることがわかったのです。

ペレットは、一応、両親が30歳になる前に生まれた子どもか、30歳を超えてからの子どもかという基準で2つのグループにわけて分析してみたのですが、両親が30歳を超えてから生まれた子どもは、老け顔のほうを好んだのです。

「私は、年齢よりも老けて見られるからイヤになっちゃう」と感じている人がいるかもしれませんが、そういう顔のほうを好む人も現実には少なくありませんから、どうぞご安心ください。

最近は、男女ともに平均初婚年齢は上がってきてますから、これからはさらに老け顔のほうが魅力的だと感じる人も増えてくるはずです。これからの時代は、老け顔のほうが恋愛市場で有利とさえ言えるかもしれませんね。

かくいう私も若い頃からずいぶんと年上に見られました。10代、20代の頃には老け顔であることがコンプレックスだったりしましたが、心理学的には老け顔を好む人もいるのだということを示したペレットの研究があることを知って、「なんだ、老け顔もそんなに悪くないんだな」と思うことができ、心配もしなくなりました。

05 ムリに友人など作ろうとしなくていい

「友だち100人できるかな?」という有名な言葉があります。「一年生になったら」という童謡の中に出てくるフレーズなのですが、友だちはたくさんいたほうがいいのでしょうか。

いいえ、そんなことはありません。

「友だちを100人作らなければ」などと意気込みすぎるから、友だち作りにプレッシャーを感じてうまくいかなくなるのですし、友だちがいないと心理的に辛い気持ちになるのです。

そういう苦しい思いをするくらいなら、「友だちなんていらないや」と最初から割り切ってしまったほうが、よほど精神的にラクに生きていくことができます。友だちができたらできたで素直に喜んでもいいのですが、ムリに作ろうとしてはいけません。

多くの友だちを作ろう、いや作らなければならない、などと思うので人は不幸になってしまうのです。

チューリッヒ大学のシュワント・ハネスは、若い人と年配者の人生満足度を比べると、年配者のほうが高くなることを、13万人を超えるパネル調査で明らかにしました。

なぜ、年配者のほうが、人生満足度が高くなるのでしょうか。

その理由は、年配者になるとお友だちを増やそうなどといった期待を持たなくなるから。そういう期待を持たないので、お友だちが少なくとも気にしないのです。多くの友だちを望むから不幸になるのであって、最初から期待など持たなければ何も気になりません。

私たちの幸福度というものは、理想と現実のギャップから生まれます。

かりに友だちが100人いても、本人が500人の友だちを望むのであれば、その人は幸せな気持ちにならないでしょう。現実には自分の希望の5分の1しか友だちがいない、ということになりますから。

その点、2、3人の友だちがいれば十分と思っていて、現実には10人の友だちがいる人がいるとしましょう。こういう人は、自分が思っている以上に友だちがいることになり、おそらくは幸せな気持ちで生きていくことができるはずです。

多くのことを望んではいけません。

友だちなんて数人でいい、いや一人もいなくていいと思っていれば、かりに友だちができなくてもガッカリすることはありません。自分の理想と現実に大きなギャップがあるから苦しい思いをするのです。

06 人気者にも悩みがあると思えば羨ましくない

読者のみなさんは、人気のある人について、どんなふうに思っているでしょうか。

「そりゃ、羨ましい話だ」

「きっとバラ色の人生に違いない」

「毎日が楽しいに決まっている」

などと思っているのではないでしょうか。けれども現実には人気者には人気者ならではの苦労や悩みもあるのであって、そんなに羨ましくもありません。

人気者は、人気を失うのが怖いので、嫌われないようにするためにかなりの気苦労をしています。本当は一人でのんびりしたくとも、多くの人に話しかけられるので気が休まらないのです。

フロリダ大学のジェニファー・ホーウェルは、２０１２年に行われた多国籍サマースクールに参加した人についての調査を行っています。このサマースクールは、ヨーロッパ、アメリカ、オーストラリアから65の大学が選ばれて行われました。ホーウェルは国籍の違う学生たちが、どのようにネットワークを形成するのかを調べたのです。

さて、サマースクールが終了し、２か月が経ったところで、ネットワークの中心にいた人、つまり人気者について調べてみると、風邪やインフルエンザなどの病気になっていたり、ストレスも高くなっていたりすることがわかりました。

ネットワークの中心にいる人はいろいろなメンバーに話しかけられます。メールなどもたくさんもらうでしょう。それらにいちいち対応しなければならず、それがストレスになって免疫系の不調を起こし、風邪になったりしていたのでした。

人気者には、そういう苦労があることを多くの人は知りません。ただ何となく「人気者っていいなあ」と感じる人のほうが多いと思うのですが、現実にはそんなに羨ましくもないのです。そう思うと溜飲《りゅういん》が下がるというか、悔しい思いをせずにすみます。

SNSをやっている人は、フォロワーを増やすためにいろいろと気苦労をしているのではないかと思われます。自分の発信するメッセージがどのように不特定多数の人に影響するのかが予想できないので、たえずビクビクしていなければなりません。人気を保つためには、目に見えない苦労があるのです。

そんな苦労をするくらいなら、いっそのこと人気者になんてなれなくてもいい、と思いませんか。

芸能人もそうですよね。

芸能人は、できるだけファンを増やし、人気が出なければやっていけません。そのため、ものすごく大変な苦労をしているのではないかと思います。決して羨ましいだけの存在ではないのです。

私たちは、ついつい人気者はとても素晴らしい人生を送っているのだろうと何となくイメージしてしまうものですが、現実にはそんなに羨ましくもないのだということは知っておいて損はありません。

07 世の中は悪人ばかりだと思っていたほうがいい

他人にあまり期待してはいけません。何も期待しなければ、絶望や失望を感じることもないからです。かりにイヤな人に出会ったとしても、そもそも期待していなければ、「ほうら、やっぱりね」と軽く受け流すことができます。

他人に期待するから、その期待が裏切られたときに人は傷つくのです。

その点、世の中は悪人だらけだと思っていれば、失礼なことを言われても、セクハラやパワハラを受けても、「世の中って、そんなものだろう」と受け入れられます。

「人は利己的で、ワガママなものだ」と思っていれば、自分勝手なことばかり言ってくる人に出会っても、腹を立てることはなくなります。「やっぱり予想どおりだったな」と思えるからです。

実際、時代の変化とともにワガママな人が増えている、ということを示す科学的なデータもあります。

サンディエゴ州立大学のジーン・トゥエンジは、ナルシストがどんどん増えているという時代的な変化についての研究を行ってみました。

アメリカの大学では、新入生に心理テストを受けてもらうことが多いのですが、トゥエンジは、85の大学で行われた1979年から2006年までの新入生のデータ16475人分のナルシスト得点の変化を調べてみました。

その結果、ナルシスト得点は1982年からずっと上がりつづけ、2006年の学生の3分の2は、1979年から1985年までの学生の平均よりも上で、30%もナルシスト得点が高まっていることがわかりました。

現代人は、20年、30年前の人と比べても、明らかにナルシストになっているのです。

というわけで、かりにワガママな人に出会っても、今ではそんなに珍しいことでもありません。

「うわぁ、この人って自分のことだけしか考えていないんだな」

「うわっ、この人どうしてこんなに自己中心的なの？」

そういう人に遭遇する可能性は、きわめて高いと言ってよいでしょう。

思いやりがあって、こちらの気持ちに共感してくれるようなやさしい人はそんなにいないのだ、という心構えを持つことが必要です。他人に期待などしてはいけません。そういう時代になっているのですから。

世の中は、ナルシストばかりだと思っていれば、もしそういう人に出会っても、「想定内だ」と受け入れることができますし、自分の気分を害することもなくなるはずです。

08 年をとればそのうち何とかなる、と思っていればいい

小さなことでいつまでもクヨクヨと悩んでいる人は、まだ年齢が若いから、という可能性があります。

若いから悩むのであって、それなりに人生経験をしていると、そのうちそんなに気にならなくなります。

私たちは、自分の抱えている悩みが、今後ずっと一生つきまとうのではないかと思いがちですが、そんなふうにはなりません。大丈夫ですので、のんびりと構えていてください。

スタンフォード大学のローラ・カーステンセンは、年齢の異なる184人にポケベルを渡し、1日に5回、ランダムなタイミングで音を鳴らし、そのときに感じている感情についての記録をとってもらいました。

その結果、怒り、悲しみ、不満などのネガティブな感情を抱く頻度は、年をとるたびに

どんどん「減る」ことがわかりました。ネガティブな感情を抱きやすいのは20代、30代がピークで、それから60歳になるまではずっと減少し、そこで底をついてずっと横ばいになります。

年をとってくると、小さなことは気にならなくなります。

「どうでもいいや」という気持ちのほうが強くなるからですね。

私も若い頃には、瞬間湯沸かし器のようにすぐにカッとなるタイプでしたが、最近はそんなに腹も立たなくなりました。20代には、メールの返信が遅いというつまらない理由で、ビジネスでお付き合いしている人に怒ったりしていましたが、今ではまったくそんなことはしなくなりました。

他人にすぐ腹を立ててしまう人も、ひょっとしたら、まだ年齢が若いからではないでしょうか。

そんな人も、そのうち怒らなくなるでしょうから心配はいりません。

他人に怒りを感じるためには、エネルギーが必要なのですが、年をとってくると、そういうところにエネルギーを使うこともバカバカしいと感じるようになり、腹を立てなくなるのです。

だいたい私たちが人間関係で衝突を起こすのは、相手と醜い言い争いをするからです。夫婦でも、友だちでも、ケンカをするから仲が悪くなるのです。

その点、ある程度の年齢になってくると、ケンカをするのも億劫で、面倒くさいと感じるようになり、ホイホイと相手の言いなりになっていたほうが疲れないことを学びます。そうなればしめたもので、人と衝突することもなくなり、縁が切れるようなことにもならなくなるのです。

ともあれ、もし現在人間関係で悩んでいるとしても、年齢が上がってくればそんなに悩みもなくなるはずですので、「時間が解決してくれる」と割り切って、なんとか今の状況を乗り切ってください。

09 自分とよく似た人とだけ付き合えばよい

仲のいい人について、私たちは「肌が合う」とか「相性がいい」という言葉を使って形容しますが、**友だちを作るときには、できるだけ自分とよく似た人を選ぶといいですよ。なぜかというと、そのほうが疲れないからです。**

自分とまったく異なるタイプの人と付き合おうとしても、それはムリです。自分と似ていないタイプと頑張って付き合おうとしても、何となく肌が合わないというか、違和感を覚えるというか、一緒にいて精神的にクタクタになってしまいます。その点、自分とよく似た人であれば、そんなに疲れません。

カナダにあるウィルフリッド・ローリエ大学のシーン・マッキノンは、大学の教室で、学生たちがどのように座るのかを調べてみました。観察を行ったのは14のクラスで、分析の対象となったのは2228人の学生です。

大学の講義は、小中高のクラスとは違って、自分の好きな席に座ることができます。ところが、学生がどこに座るのかということについては、まったくランダムではなく、面白い規則性が見られました。なんと「似たような学生同士が近くに集まりやすい」ということがわかったのです。

マッキノンが観察したところ、髪の長い人は髪の長い人と、短い人は短い人と、メガネをかけた人はメガネをかけた人と、男性は男性と、女性は女性と、すぐ近くに並んで座ることがわかったのです。

学生は、教室に入ってくると、無意識のうちに自分と似たような人を探して、その人のそばに座ろうとするのです。そのほうが安心できるからでしょう。

自分とまったく異なるようなタイプの人のそばに座ろうという人はいません。そういう人のそばは、何となく居心地が悪いからです。私たちは、似た者同士でつるむのが好きなのです。

仕事上のお付き合いでも、プライベートなお付き合いでも、できるだけ自分と似た人を探してください。そういう人に声をかけ、知り合いになったほうが、お互いにうまくいく可能性が高くなります。

私は、どちらかというと内向的な性格ですので、大声を出してしゃべったり、パーティが大好きだったりする社交的なタイプとは、肌が合いません。そういう人と一緒にいると、とても疲れるのです。ですので、そもそもそういう人とは付き合わないようにしています。

お友だちを作ろうというのなら、だれかれかまわずに声をかけるのではなく、できるだけ自分と似たように見えるタイプを選ぶといいですよ。そのほうが、長続きする関係を築くことができますから。

相手の性格や趣味などもできるだけ一致していたほうがいいのですが、そういうものはある程度親しくならないとわかりませんので、まずは見た目が自分とそんなに変わらない人を選んで付き合いましょう。

10 人前で話すのが苦手なのは、自分だけではない

読者のみなさんは、どれくらい上手に人前でスピーチできるでしょうか。

グループのリーダーや、班長のようなものになると、他の人の前で朝礼をしたり、スピーチをしなければならなかったりする場面がいくらでも出てきますが、どれくらいうまくできると思いますか。

たいていの人は、「ものすごく苦手」だと答えるのではないかと思います。

なぜなら、人前でのスピーチは、だれにとっても苦痛だからです。ネブラスカ大学のカレン・ドワイヤーは、815名の人にさまざまな恐怖のリストを見せて、ランキングを作

ってみたことがあります。その結果は、左の表のようになりました。

圧倒的に「人前のスピーチ」が恐怖の1位であることがわかりますね。3位の「死」よりもスピーチのほうが怖いというのも面白い結果です。

緊張しやすい人は、「人前で話すくらいなら、いっそ死んだほうがマシ」と冗談めいて言ったりすることもありますが、冗談でも何でもなく、本当にそう思っているのかもしれません。

私は、仕事で講演会やセミナー講師としてお話しすることもありますが、やはり何回やっても慣れません。講演会の前日には、たいてい緊張してよく眠れないのです。

人前でしゃべることが苦手だと悩んでいる人がいると思うのですが、それが正常な反応なのであって、だれでも苦手なのですよ。

「なんだ、悩んでいるのは自分だけじゃな

人前でのスピーチは、「死ぬ」ことより怖い！？

人前でのスピーチ	61.7%
金銭的問題	54.8%
死	43.2%
孤独	38.3%
高いところ	37.7%
虫	33.4%
水の中	27.2%
暗いところ	21.1%
病気	18.9%
飛行機	8.3%

（出典：Dwyer, K. K. & Davidson, M. M., 2012より）

いんだ」ということに気づくだけでも、少しだけ心の重荷が軽くなるのではないでしょうか。

11 自分は「まったくダメだ」と思っても、周りの人は思っていない

人前で話すのが得意な人などいません。

たいていの人は、スピーチが終わった後で、「うまく話せなかった」と気分が落ち込むのではないかと思います。

けれども、それは本人の思い込みであって、実際にはそれなりにうまくできている場合が多いので、そんなに落ち込まないでください。

カナダにあるブリティッシュ・コロンビア大学のリン・アルデンは、50人の男女大学生にビデオの前でちょっとしたスピーチをしてもらいました。

スピーチが終わったところで、参加者たちに自己評価をしてもらうと、とてもネガティブな意見ばかりが出ました。「しどろもどろでまったくダメ」「声が震えていた」「支離滅

裂で、私が何を言っているのか、全然伝わっていないだろう」のように。

次にアルデンは、撮影したビデオを他の判定者に見せて、発表者についての評価を求めてみました。すると、「自然に話せている」「不安も感じていないように見える」と、意外に好意的な意見が数多く返ってきたのです。

結局のところ、「うまくできなかった」というのは本人の否定的な思い込みにすぎず、実際にはだれでもそれなりにうまくスピーチできているのです。悪い評価をしているのは、自分だけ。自分で自分のことをイジメているのです。

この研究からわかるように、**かりに自分では「まったくダメだ」と思っていても、周りの人はそんなふうに思っていないことのほうが多いということを知っておくとよいでしょう。**

自分に厳しくすることは重要ですが、あまりに厳しく自分をイジメてはいけません。自分ではまだまだだと思うからこそ、人は自己成長できるのですが、あまりに自分をイジメすぎるのも考えものです。

自分では「これっぽっちもうまくできたとは思わない」と感じていても、周囲の人にはわりと評価が高いこともよくあることですので、かりに自分では失敗だと思っても、そんなに自責の念に駆られることもないと思いますよ。

第 2 章

悩みが多い人のための交際術

12 悩むよりも、まずは普通に頼んでみよう

自分でどうにかできそうもないときには、さっさと他の人に助けてもらいましょう。

「助けてくれるのかな」とか「絶対に拒絶されそうだな」などとネガティブなことを考えて、悩んではいけません。困ったことがあったら、さっさと他の人に援助を求めてください。

「もし断られたら？」と思う人もいるでしょうね。

そのときには、別の人にまた同じお願いをするだけです。難しいことは何もありません。声をかけるのをためらって、悶々としているより、そのほうがずっとよい結果になりますよ。

自分一人ではとても仕事をこなせないと思ったら、先輩でも同僚でもかまわないので、「残業を少しだけ手伝ってもらえませんか？」とお願いするのです。道に迷ったら、その辺の人を捕まえて、「○○まで連れて行ってください。私、道に迷ったんです」と頼んでみてください。おそらくは、かなりの高確率で助けてくれますから、安心してください。

どうも私たちは、他の人が手助けしてくれる確率を低く見積もる傾向があるようです。

コロンビア大学のフランシス・フリンは、第1実験として42人の大学生に「知らない人に声をかけ、10分間のインタビューを頼んできてほしい。さて、5人のノルマを達成するまでに、あなたは何人に声をかけなければならないと思う?」と聞いてみました。

すると学生は平均して20・5人に声をかけなければならないだろうと見積もったのですが、実際にやってみると10・5人に声をかけたところでノルマを達成できました。

次にフリンは第2実験として、「他人の携帯電話を借りてほしい。ノルマは3人。これを達成するのに何人に声をかけなければならないと思う?」と聞いてみました。すると学生は平均10・1人と見積もったのですが、こちらも6・2人に声をかけただけでノルマをクリアできました。

さらにフリンは第3実験として、「離れた場所にあるキャンパス施設まで、道案内をお願いしてほしい。ノルマは1人」というお願いをさせました。学生の予想は平均7・2人かかるだろうと見積もりましたが、実際には2・3人に声をかけるだけでノルマを達成できたのです。

私たちは、どうも他の人の善意を過小評価するようです。

現実には、悪魔のような人はいません。何か別の予定があるとか、急いでいるとか、断るだけの明確な理由がないときには、「ああ、それくらいならいいですよ」と気軽に応じてくれることのほうが多いのです。

というわけで、もし何か困ったことが起きたら、さっさと他の人に頼んでよいのです。たいていの場合、それでうまくいきます。

「どうせ助けてくれないのだから、自分一人で何とかしなければ」と悩まなくていいのです。自分一人でどうにかしようというのは殊勝な心がけだとは思いますが、他の人に助けてもらったほうが、さっさと問題も解決できます。

もちろん、人に助けてもらったら、「ありがとう！　すごく助かりました！」とお礼を言うことも忘れずに。思いきり感謝してあげれば、手を貸してくれた人も嬉しいでしょうし、次に困ったことがあっても、また助けてくれるかもしれません。

13 気になる異性には、どんどんアプローチ

気になる異性がいるのなら、どんどんアプローチしてください。

「僕なんかとデートしてくれるわけがない」

「食事に誘ったら、イヤな顔をされそう」

「どうせ拒絶されるに決まっている」

そんなことを考えて悩んでいてはいけません。ハッキリ言って、時間のムダです。好きな人とデートしたいのなら、「デートしてください」とお願いするのです。うまくいかないかもしれませんが、少なくとも自分でずっと悩んでいるよりは心もスッキリするのではないかと思います。

先ほど、困ったことがあれば、普通に頼んでみるのがいいですよ、というお話をしましたが、これは異性にアプローチするときも同じ。

カナダにあるトロント大学のサマンサ・ジョエルは、恋人のいない大学生132人に、あまり魅力的とはいえない人の写真とプロフィールを見せて、「あなたはこの人とデートできますか？」と聞いてみました。

すると、拒絶するのは63％。逆に言うと、そんなに魅力的でなくとも、37％の人は快くOKしてくれたということになります。約4割の人は、OKしてくれたのですよ。これは、かなりの高確率だと言えるのではないでしょうか。

ジョエルは、多くの人は口をそろえて「お付き合いするのなら、魅力的な人がいい」とは言うものの、現実には、そんなに断らないのではないか、と指摘しています。「相手を傷つけたくないから、まあ食事をするくらいなら…」という気遣いの配慮も働いて、あからさまに拒絶する人はそんなにいないのです。

というわけで、気になる異性がいるのなら、どんどんアプローチするのが正解。意外にOKしてくれる確率は高いと思われますので、積極的にいきましょう。

「宝くじは、買わなければ当たらない」という言葉があります。恋愛もそうで、「自分から動かないと、恋人はできない」のです。

相手は超能力者でも何でもないわけですから、きちんと好意を伝えなければ、こちらの気持ちをわかってもらえません。口に出して、はっきりと「デートしてください」と告げるからこそ、こちらの気持ちは伝わるのです。

自分の思いを伝えなければ、お付き合いしてくれる可能性は限りなくゼロ。けれども、自分から積極的に行けば、少なくともお付き合いしてくれる可能性はゼロではありません し、私たちが思っている以上に高い、ということも知っておくとよいのではないでしょうか。

14 とりあえずダイエットする

自分の魅力を高めると、他の人からそんなに悪い対応を受けなくなります。

人間関係で悩みたくないのなら、できるだけ魅力的な人間になれるように努力することが大切になるわけです。

では、どうすれば魅力を感じてもらえるのかというと、ひとつの方法は、ダイエット。

世の中にはぽっちゃり体型の人が好きだという人もいないわけではありませんが、大多数の人はスリムな人を好みます。ですので、成功するかどうかは別として、ダイエットに取り組み、スリムな体型を手に入れるように努力してみるのです。

米国メーン州にあるハッソン大学のランブロス・カリスは、身長はほぼ同じですが、体重が250ポンド（約113キロ）の肥満の男子アシスタントと、148ポンド（約67キロ）の標準的な体型の男子アシスタントにお願いして、11の不動産屋を訪れてもらいアパートを借りられるかどうかを聞かせました。

その結果、肥満のアシスタントが不動産屋を訪れたときには、11のうち5つで断られました。断られた5つのうち、3つではさりげなく賃料の値上げをされ、2つではすでに別の人に部屋が決まってしまった、とウソをつかれました。

ところがその同じ不動産屋を標準体重の男性アシスタントが訪れたときには、11の不動産屋すべてで快く貸してくれると申し出てきたのです。

太りすぎていると、イヤな経験をすることが増えることが、この研究でわかりますよね。だれでも頑張ってスリムな体型を手に入れたほうがいいのです。

では、どうすればダイエットできるのかというと、これはもう運動して、健康的な食習慣を手に入れるしかありません。

そしてこれが重要なことなのですが、運動をして体重が減ったら、そこで運動をやめてしまうのではなく、それ以降もきっちりと運動の習慣を維持することが大切です。

米国ブラウン大学のレナ・ウィングは、ダイエットに成功した261名についての調査を行い、リバウンドしない第1の要因は、「運動をやめてしまわないこと」であることを突き止めています。せっかくスリムになったのに元に戻ってしまう人のほとんどが運動をやめてしまうからなのです。

また、ウィングは、毎日体重計に乗って、2、3キロ以上体重が増えたら、すぐに痩せる努力をする（食事制限や運動を増やすなど）ことも重要だと述べています。

ダイエットをすることは大変であることは重々承知しておりますが、それでもスリムな体型を手に入れれば、他の人にも快く受け入れてもらえるようになりますし、不愉快な思いをすることも減ると思いますので、頑張ってダイエットしてみる価値はあります。

15 肥満でも、必ずしも嫌われるわけではない

肥満の人は、あまり良い印象を与えません。

「私は太っている」という自覚がある人は、ガッカリするかもしれませんね。

とはいえ、必ず嫌われてしまうのかというと、そういうわけでもないのです。実は、肥満体型の人のほうが好ましいと感じる人もいるのです。

どういう人が肥満の人を好ましく感じるのかというと、その人のお父さんやお母さんが太っている人。小さな頃から、一番身近な存在である親が太っていて、太っている親をずっと見て育った人は、ぽっちゃり体型の人のほうが親しみやすいのです。

米国ラトガース大学のローリー・ルドマンは、197人の大学生に、お父さんやお母さんが「温かい人」なのか「冷たい人」なのかを聞き、親の体型についても聞いてみました。

また、肥満者についてどう思うのかも聞きました。

その結果、温かな、そして太っている親に育てられた人は、肥満者に好ましさを感じることが明らかにされたのです。

親が温かい人で、そういうやさしい親に育てられた人は、太っている人に対して嫌悪感などは抱きません。なにしろ、自分の親が太っているのですからね。肥満者を嫌うということは、親のことも嫌うということになってしまいます。

かりに「私はデブだ」と思っている人も、だからといって自分のことを好きになってくれるような奇特な人なんていない、と諦めなくてもよいです。

太っていることを気にして、「自分の人生はお先真っ暗だ」などと思う必要もありません。世の中には、太っている人のほうが親しみやすくて、好ましいと思う人もちゃんと一定数はいるのですから。

私も、太っている人に悪いイメージや偏見を持っていません。というのも私の父も母も太っていて、そういう両親に育てられたからです。ルドマンの研究どおりです。私は、男性でも、女性でも、ぽっちゃりしている人のほうが付き合いやすいと感じます。小さな頃からの刷り込み現象なのでしょうか。

たしかに肥満の人はあまり良い印象を与えないという事実（データ）は存在するものの、

だからといって肥満者が絶対にダメなのかというと、そういうわけでもありません。確率的には、スレンダーな体型のほうが好かれることも多くなるでしょうが、肥満者が好かれる確率はゼロ、というわけでもないのです。この点はきちんと指摘しておこうと思います。

16 軽く日焼けしておく

世界的なコロナウィルスのまん延によって、リモートワークをする人が増えました。会社に行かなくてすむことはよいことなのでしょうが、外出する機会が減ってしまったことは少し問題です。

会社に通勤していれば、それなりに太陽の光を浴びることになりますので、軽く日焼けをします。そして、魅力という点でいえば、日焼けしたほうがポイントも高くなるのです。

オーストラリアにあるメルボルン大学のマリタ・ブロードストックは、2人の男性モデルと2人の女性モデルの写真を使って、魅力を聞いてみました。ただし、肌の日焼け具合

日焼けしておくだけで魅力はアップする

	日焼けなし	軽く日焼けしている	中程度に	真っ黒に
健康的だと思う	38.1%	56.8%	60.6%	44.5%
魅力的だと思う	38.0%	56.5%	60.6%	45.6%

（出典：Broadstock, M., et al., 1992より）

をコンピュータのソフトを使って修正したものを用意して、魅力がどのように変わるのかを調べてみたのです。
すると、上の表のような結果になりました。

青白い顔をしているよりは、ちょっぴり日焼けしているように見えたほうが、魅力もアップして、健康的だという印象を与えるようです。というわけで、少しでも魅力的に見せたいのであれば、なるべく外に出るようにしたほうがいいですね。外を歩いていれば、適度な日焼けができますから。

私は、就職活動をする学生には、「少し日焼けしておいたほうがいいですよ」とアドバイスすることがあります。日焼けしておくと、健康的で、エネルギッシュで、快活な人だという印象を高めることができるからです。肌が青白いと、何だか不健康そうに見えますし、「大丈夫なのかな」と面接官に思われてしまいます。

現代人は、テクノロジーの進歩によってあまり外に出なくとも仕事ができるようになりましたが、こと魅力という点から考えると、屋内でずっと生活していることはマイナスになります。

健康にもよいですし、なるべく外に出るようにしましょう。

もちろん、真夏の暑い日に外に出ていると熱中症の危険性もありますので、朝晩の比較的涼しい時間帯に外に出るようにすることも忘れてはいけません。

日焼けをすると健康的に見えますので、周囲の人からのウケもよくなります。不健康そうに見える人には、だれも近寄ってきませんから、できるだけ日焼けしておくのがポイントです。

17 サングラスをかけてみる

「人と会うときには、しっかりと相手の目を見つめて」とはよく言われることです。とはいえ、緊張しがちな人は相手の目を見ることができません。相手と見つめ合っていると、照れてしまって、すぐに視線を外してしまうのです。

そんな人は、サングラスをかけるようにするといいですよ。

サングラスをかけていると、相手と見つめ合っても、そんなに気にならなくなるというデータがあるのです。

オーストラリアにあるマードック大学のピーター・ドラモンドは、サングラスをかける、あるいはサングラスをかけない状態で、女性アシスタントと目を合わせてインタビューを受けてもらいました。

そのとき、どれくらい赤面するのかをこっそりと観察してみたのですが、サングラスをかけた状態では、そんなに赤面しなくなることがわかったのです。

サングラスは、オシャレなアイテムであるばかりか、対人不安の人にも役立つアイテムだといえるのです。

タモリさんは、サングラスをかけていますが、だからこそ緊張せずに知らない人とも話せるのではないかと思います。サングラスをかけているだけで、緊張度はずいぶんと軽減されるからです。

とはいえ、勤務時間中にサングラスをかけるのはちょっと…という人もいるでしょう。そんな人は、メガネではどうでしょうか。

かりにメガネが必要のない人でも、伊達メガネをかけるようにすると、サングラスと同じように、人と目を合わせることに緊張しなくなるかもしれません。

もうひとつ、現実的な方法として、相手の目を見つめるのではなくて、目と目の間、いわゆる鼻根部と呼ばれるところに焦点を当てるのもいいでしょう。

鼻根部を見つめるようにすると、相手と直接に目を合わせるわけではありませんので、そんなに緊張もしません。にもかかわらず、相手には「この人はしっかりと私と目を合わせてくれている」と感じるのです。とても便利な方法ですので、ぜひ試してみてください。

さらに別の方法として、相手のまばたきの回数を数える、という方法もあります。相手のまばたきの回数に注意を向けると、相手と目を合わせていても、そんなに気にならなくなるのです。

人と目を合わせるのが苦手、という人はぜひこれらの方法を試してみてください。「本当だ、この方法なら緊張しない」ということをご自分でも体感できると思いますよ。

18 お酒を飲む

自己嫌悪感が強い人がいますよね。自分自身について評価してもらうと、ものすごく低い点数しかつけない人のことです。


「私なんてこの世に存在しないほうがいい」

「私ほどつまらない人はいない」

「私には、ひとつも取り柄がない」

自分で自分のことをイジメても、気分が落ち込むだけで何の利益もないと思うのですが、本人でもそのことに気づいているのに、自分イジメをやめることができません。

こういう人は、ずっと自分イジメを続けていかなければならないのでしょうか。

いいえ、それをストップさせる方法はあります。

その方法とは、晩酌をすること。

少しお酒を飲んで酔っ払えば、「私は美人ではないかもしれないけど、愛嬌のある顔をしている」とか、「鼻が少し大きすぎるようにも思うけど、十分にカワイイ」というように思えるようになるのです。

フランスにあるグルノーブル大学のローレント・バーグは、バーにやってきた19人のお客に声をかけ、アルコール検知器で血中アルコール濃度を測定させてもらいました。

その一方で、自分がどれくらい魅力的で、聡明で、個性的で、楽しい人間だと思うのかの得点をつけてもらいました。

すると、血中アルコール濃度の高い人ほど、つまりは酔っ払っている人ほど、「私はイケている人間だ」と評価することがわかったのです。

自己嫌悪に悩まされることの多い人は、晩酌として少しだけお酒をたしなむようにしてみるのはどうでしょう。

毎日のストレスもそれなりに解消できますし、自己嫌悪感もかなりの程度抑制できるでしょう。

お酒を飲むと、自己嫌悪感だけでなく、他のネガティブな思考も抑制することができます。

インディアナ大学のジェイ・ハルによりますと、アルコールは脳を麻痺させ、思考を妨害する働きをします。そのため、その思考が自己批判であったり、ネガティブな思考だったりする場合には、アルコールは心理的安定感をもたらしてくれるというのです。

いつもネガティブなことばかりが頭に浮かんでしまう人は、お酒をたしなむようにするといいですよ。もちろん、飲みすぎてはいけません。あくまでもほどほどに飲むことが大切です。

ネガティブ思考を抑制できるのは、あくまでも酔っ払っているときだけですが、ほんの一時的にでも、イヤなことを忘れられるということは、とても幸せなことだと思います。

普段、お酒を飲まないという人もいるでしょうが、お酒を飲むのもそんなに悪いことではありません。缶ビール1本だけとか、チューハイを1本だけと決めて晩酌をするようにすれば、毎日のうっ憤やストレスを吹き飛ばすことができるでしょう。

19 そんなに人当たりがよくなくてもいい

相手の顔色をうかがってばかりいたら、だれでも疲れてしまいます。

もちろん、相手に対する気遣いは必要ですが、あまりに気を遣いすぎるのはやめましょう。ほどほどに気遣いをしてあげれば十分です。

アイオワ大学のジェリー・サルスは、健康な男性（35歳から55歳）に、8日間、日記をつけてもらい、その内容を後で分析してみました。

その結果、人当たりの良い人ほど、人間関係で困難を感じることが多いことがわかりました。**人当たりの良い人ほど、配偶者、同僚、知人、隣人の顔色をうかがいすぎて、毎日クタクタになっていたのでした。**

相手がどんなことを考えているかなど、本人以外にはわかりません。ですので、相手の顔色をうかがっていても、本当のところはわからないのです。つまり、相手の顔色をうかがうということは、不可能なことをやろうとしているのです。だから、疲れるのです。

人に気を遣いすぎていると、寿命を縮めてしまうかもしれない、というデータもあります。

ドイツにあるマルティン・ルター大学のテレサ・ミールは、筋萎縮性側索硬化症（ALS）という難病に取り組んだ経験のある36人の医者に、患者のパーソナリティについて尋ねてみました。どんなタイプの人が、この難病にかかりやすいのかを調べてみたのです。

ミールは、比較のために、重症筋無力症（MG）に取り組んだ医者21人と、肺がんに取り組んだ医者36人にも、それぞれの患者のパーソナリティについて聞いてみました。

その結果、筋萎縮性側索硬化症（ALS）の患者は、重症筋無力症（MG）や肺がんになった人より、人当たりの良さが高く、頑固でもなく、自己中心的でもなく、とても「素敵な人」が多いということがわかりました。

皮肉なことですが、人当たりがよい人ほど自分の気持ちを犠牲にしやすく、それが病気につながるのかもしれません。

人に対して、やさしく、親切に接することは大切ですが、あまりにも人に気を遣いすぎて、肝心の「自分の気持ち」をないがしろにしていいわけがありませんので、ほどほどに人に気遣いをしていれば十分でしょう。

20 苦手な相手の懐に飛び込んでみる

東レの同期トップで取締役になった佐々木常夫さんは、その著書『決定版　出世のすすめ』（角川新書）の中で、最初に営業部に配属された新人時代のことを語っています。

佐々木さんの上司は、佐々木さんがもっとも苦手とするタイプ。そこで佐々木さんは一計を案じ、上司に2週間に1度、2人だけで30分のミーティングを持つことを強引に認めさせました。

報告や連絡などは2週間に1度まとめてやらせてもらえれば、残りの日は上司とやりとりしないですむという作戦です。佐々木さんは、なかなか策士のようですね。苦手なタイプだからと上司を敬遠するのではなく、その懐に飛び込んでみたわけです。

1年後、その上司はマーケティング部門の部門長として異動していきました。佐々木さんはホッと胸をなでおろしたことでしょう。ところが喜んだのもつかの間、4か月後には佐々木さんはまたしてもその上司に呼び寄せられたのです。

しかたがないので同じようにミーティングの時間を持ってもらいました。そうこうするうちに、その上司はプラスチック事業部門長として転出していきました。佐々木さんは、「やれやれ」という感じだったでしょう。けれども解放されたと思って3か月後には、またしても佐々木さんはその上司に呼び寄せられたのです。つまり、佐々木さんはその上司にすっかり気に入られていたのです。

佐々木さんは、自分が東レで出世できたのは、その上司のおかげであると述べています。なにしろ、その上司はその後副社長にまでいったのですから。

たいていの人は、苦手な人からはとにかく逃げまくろうとします。

けれども、苦手な人を避けているだけでは、事態は何も改善されません。では、どうすればいいのかというと、佐々木さんのように勇気を振り絞って相手の懐に飛び込んでみるのです。すると意外に簡単にうまくいってしまうこともあります。

フロリダ国際大学のマリー・レヴィットは、343人の回答者に「困った人間関係を過去5年以内に経験しましたか？」と聞くと、男性の66・1％、女性の72・6％が「イエス」と答えました。

次にレヴィットは、どうやって困った人に対処したのかを聞いてみたのですが、「その人を避ける」というやり方はそんなによい対処法でもないことがわかりました。一番の対処法は、「相手に話しかける」だったのです。

嫌いだからと逃げまくるのではなく、むしろ自分から積極的に話しかけることで事態が打破できることはよくあります。

「この人苦手なんだよな…」という人には、どんどん話しかけたほうがいいですよ。話しかけられれば相手も嬉しいでしょうし、話しているうちに自分の中にある嫌悪感なども薄らいでいきますから。

21 食事をシェアしてみる

だれにとっても苦手な人の1人や2人はいるものです。「あの人だけはちょっと肌が合わない」という人は、だれにでもいるはずです。

苦手な人から逃げまくることができればいいのですが、職場の上司だったり、お隣さんであったり、同じ委員会や自治会のメンバーだったりして、顔を会わせなければならない状況というのもよくあります。

こんなときには、どうすればいいのでしょうか。

やはり、相手の懐に飛び込む作戦が有効です。

ひとつの方法は、苦手な人を誘って、一緒に食事をしてみること。

「えっ⁉」と思われるかもしれませんが、一緒に食事をすることは相手に対する嫌悪感を払拭し、親しみを感じるための優れた方法なのです。

ただの食事ではなくて、できればお互いにひとつの料理をシェアできるものがいいでしょうね。「同じ釜の飯を食った仲」という言葉もあるように、ひとつの料理をシェアすると、人間関係の絆というものは大いに深まるものなのです。

コーネル大学のケイトリン・ウーリーは、お互いに面識のない同士をペアにして、「食事が交渉に与える影響」というインチキな名目の実験に参加してもらいました。

参加者はまず、中華料理のような同じお皿で料理をシェアする条件か、別々のお皿で個別に食べるのかの条件にわけられ、トルティーヤ・チップス（トウモロコシのトルティー

料理をシェアすると、お互いに協力的になりやすい

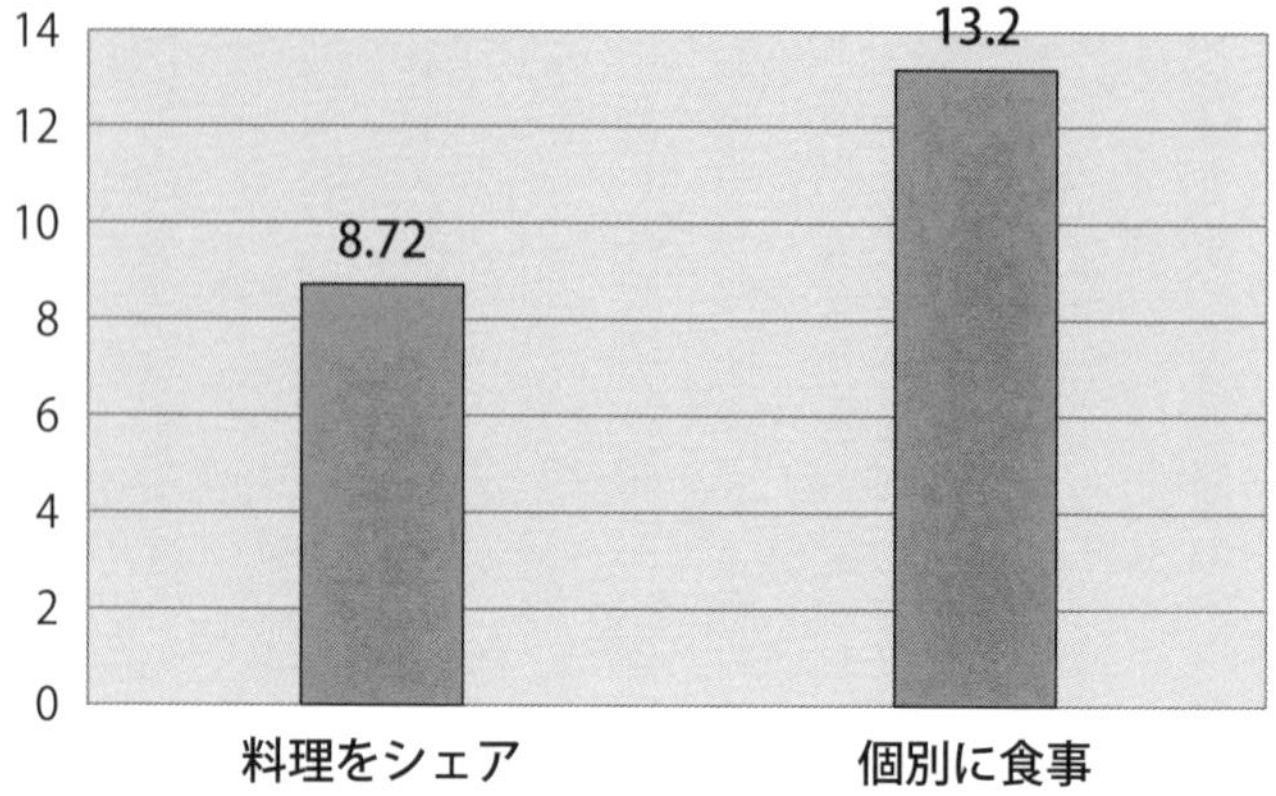

＊数値はストライキの日数。

（出典：Woolley, K. & Fishbach, A., 2019より）

ヤを揚げた料理）を食べてもらいました。

それから、労働者側と経営者側にわかれて賃金交渉をしてもらいました。労働者側にはストライキをする権利がありましたが、どれくらいの日数ストライキをするつもりかと尋ねると上のグラフのような結果になったのです。

料理をシェアした後では、ストライキをするにしても8・72日しか行いませんでした。それだけ歩み寄ったというか、協力的になっていることがわかります。

「嫌いな人と食事をするなんて…」と思うかもしれませんが、一緒に食事をするのは親しくなるのにとても有効なやり方ですので、ぜひお試しください。

22 本当にムリならさっさと縁を切る

苦手な人がいたら、その懐に飛び込んでみるといいですよというお話をしました。

けれども、舌の根が渇かないうちに、まったく逆のアドバイスをするのは恐縮ですが、どうしようもないレベルでその人が嫌いでしたら、さっさと縁を切るべきです。どうにかしてその人との関係を修復しようとしても、おそらくはムリですので、そんな場合にはできるだけ早く関係を断ち切ったほうがよいのです。

学校でイジメに遭ったとき、イジメっ子との関係をよくしようとしても、なかなかうまくいきません。

こんな場合には、我慢などせず、さっさと転校して、新しいクラスメートと新しい人間関係を築こうとしたほうがはるかにラクですし、うまくいく見込みも高いのです。

職場にいる苦手な人と、頑張って仲良くしようとしてもいいのですが、世の中には自分のことを「親の仇」であるかのように思い込んでいるのか、想像を絶するような冷たい態度をとってくる人もいるでしょう。

こういう人には、もうどんなことをしてもムダですので、さっさと転職したほうがいい、ということも現実にはよくあるのです。

米国ケンタッキー州にあるルイビル大学のマイケル・カニンガムは、「社会的アレルギー」という用語を作りました。

私たちは、ある特定の人に対しては、小麦や花粉と同じような「アレルギー」を持ちます。貧乏ゆすりをするとか、食事のときにくちゃくちゃと音を立てるとか、イヤらしい笑い方をされるといった行動は、最初はまったく気にならないのに、それが何度も頻繁にくり返されると、私たちはアレルギーを持つようになってしまいます。

そして、いったんアレルギー反応（嫌悪感など）が起きるようになってしまったら、もはや手遅れで、どんなことをしてもその相手に対する嫌悪感や否定的な感情をなくせません。こんな場合には、もうその人とは縁を切るしかないのです。

小麦アレルギーの人に、「パンには栄養があるんだから、たくさん食べなきゃダメだよ」

などと言う人はいませんよね。そんなことをしたら、死んでしまいます。

同じように、いったんある特定の人にアレルギーを持ってしまったら、これはもう自分ではどうにもなりません。「頑張って付き合わなければ」と思っても、ムリでしょう。なにしろ、相手と一緒にいるとアレルギー反応（冷や汗、過呼吸、蕁麻疹など）が出てしまうのですから。

もうこういうときには、さっさと縁を切るに限ります。

相手との関係の修復などを図らなくてかまいません。「あっ、もうムリ」と思ったら、できるだけ早くその人とは縁を切って、他の人と付き合うようにしましょう。

23 ニックネームで呼んでもらう

政治家は、立候補するときのポスターで自分の名前を「博司」ではなく「ひろし」とひらがな表記にすることがあります。ひらがなのほうが柔らかいイメージを与えるので当選しやすくなるからでしょう。

読者のみなさんも、この作戦を真似することができます。

名刺を作るとき、本名を漢字だけで表記するのではなく、ひらがなにするのです。「内藤誼人」とすべて漢字にすると、強そうではありますが、親しみを感じてもらえませんので、「内藤よしひと」としておくのです。何となく人当たりの良さそうなイメージを持ってもらえるでしょう。

さらに一歩踏み込んで、相手に覚えてもらいやすいニックネームを表記しておいてもかまいません。名前の横に「よしさんと呼んでください」と刷り込んでおけば、初対面の相手も気兼ねなく私のことを「内藤さん」ではなく、「よしさん」と呼んでくれます。

ついでに相手のニックネームも教えてもらって、お互いにニックネームで呼び合ってみるのもいいですね。いっぺんに仲良くなれると思いますよ。

米国クレムソン大学のマイケル・イングリッシュは、ある男性についてのプロフィールを読んでもらいました。

ただしプロフィールにはいくつかのバージョンがありました。内容はすべて同一ですが、片方のバージョンではフォーマルな名前（サミュエルとティモシー）が載せられていて、もう片方のバージョンでは名前の部分がニックネーム（サムとティム）に変えられていたのです。

それから人物評価を行ってもらうと、ニックネームのときのほうが、「人気がありそう」「陽気」という評価を受けました。ニックネームのほうが親しみやすく感じるのです。

ビジネスでの関係が、どこか表面的で、どこか冷たくなりがちなのは、お互いの名前を呼び合うときに、名字に「さん」づけだから。

失礼のないように、名字に「さん」をつけることが間違いだとは思いませんが、どこかよそよそしい印象も与えてしまいますので、時と場合と相手にもよるのですが、ニックネーム作戦もぜひ試してみてほしいですね。

相手が同性で、お互いに年齢も近いと思われるのなら、「どうでしょう、お互いにあだ名で呼び合ってみませんか？」と提案することくらいは許されるのではないでしょうか。もし相手が「いいですよ」と答えてくれたらしめたもので、その人との付き合いはビジネスというよりは、むしろ友人との関係のようになります。

第3章

心配ごとがきれいに消える心理術

24 そんなに人付き合いの心配をしない

人間関係というものは、どれだけ自分で努力しても、思うようにならないことがあります。こちらが好意を示しても、相手がそれを受け入れてくれるかどうかはわかりません。人間関係がうまくいくかどうかは、相手次第なのです。

相手に良い印象を持ってもらうために、好かれる努力は必要です。清潔感を感じさせる洋服を着るとか、月に一度は散髪へ行くとか、人に会う前には臭いのきつい食べ物は食べないようにするとか、自分の側でできることはしっかりやっておきましょう。

ですが、自分でできるのはそこまで。

実際にその人と仲良くできるかどうかは、わかりません。「神のみぞ知る」というやつですね。ですから、その点については心配してもしかたがないのです。

運動をし、健康的なものを食べ、タバコもお酒もやらなくとも、それでも病気になってしまう人はなってしまいます。人間関係も同じです。自分で努力していても、どうしようもないことはよくあります。したがって、心配してもどうしようもないことは、心配しないようにすることが大切です。

ハーバード公衆衛生大学院のローラ・クブザンスキーは、1975年の時点で、冠状動脈性心臓病と診断されていない、健康な1759人の男性を20年に渡って追跡調査してみました。

クブザンスキーは、人付き合い、健康、お金、加齢、についての心配を調べ、20年後に、何を心配するのがもっとも健康によくないのかを調べてみたのです。

20年後までに、323人が冠状動脈性心臓病になってしまったのですが、もっとも発症に関係しているのは、「人付き合いへの心配」でした。**お金や健康の心配をするより、人付き合いについて心配するのが、もっとも心臓に負担をかけてしまうようですね。**

人間関係というものは、相手もあることなので、自分ではどうにもできないことが多々あるのですから、あまり心配しすぎないことが重要です。

「自分でやれることは全部やっているのだから、もう他にすることがない」と割り切った考えをしましょう。

また、達成不可能な目標を持つのもやめましょう。100人に出会って、100人全員に好かれる、ということは現実的にムリです。何しろ、好感度ランキングで上位のタレント、たとえば木村拓哉さんや綾瀬はるかさんでさえ、全員から好かれているわけではありません。アンチは必ずいるのです。

「100人に出会ったら、そのうち20人、いや10人に好かれれば万々歳だ!」と思っていたほうがいいですよ。タレントでも何でもない私たちは、それで十分です。残りの80人、90人にはそんなに好印象を与えることができなくとも、それは当たり前なのであって、思い煩うようなことでもないのです。

25 心配事は、そんなに起きない

『心配事の9割は起こらない』(枡野俊明著、三笠書房)という本があります。

さすがに9割は言い過ぎかなと思いますが、私たちが心配していることは現実にはそんなに起きません。

コーネル大学のデビッド・ダニングは、学期の初めの講義で、大学生に抑うつの心理テストを受けてもらいました。そのテストで高得点の人を「抑うつ群」とし、低得点の人を「非抑うつ群」としました。それから、学期中にどれだけネガティブな出来事が起きるのかを予想してもらいました。

ネガティブな出来事とは、「単位を落とす」「人間関係の破綻」「10ポンド（約4・5キロ）太る」などです。抑うつ群の人たちは、これらの出来事の40・3％が起きるだろうと予想しましたが、非抑うつ群の人は28・6％しか起きないと予想しました。

それから実際の学期の終わりに、自分が予想したことがどれくらい起きたのかを聞いてみると、抑うつ群ほど予想が外れることがわかりました。**自分では「起きる」と思っていても、ネガティブな出来事はそれほど起きなかったのです。**

抑うつ的な人は、イヤなことが次から次へと自分の身に降りかかってくるだろうと怯えているものですが、現実にはそういうことは起きないことのほうが多いのです。

ウソだと思うのなら、読者のみなさんも自分でどれくらい予想が当たるのかを確認してみるといいですよ。ただし、記憶に頼ってはいけません。私たちの記憶はとてもいいかげんで信用できませんから、手帳などにきちんと記録を残すのです。

3ヵ月、6カ月、1年くらいのスパンで、今後どのようなことが起きるのかを予想してみましょう。そして3ヵ月、あるいは6カ月経ったら、自分の予想が当たったかどうかを確認するのです。

やってみるとわかりますが、心配していることはほとんど起きていないはずです。つまり、まったくの杞憂にすぎないことをご自身で実感することができるでしょう。ネガティブなことばかり考えてしまう人には、ぜひ記録をとって確認してほしいと思います。そうすれば、客観的に、「なんだ、心配することもなかったな」ということが自分でも納得できるようになりますから。

いろいろなことを心配していると、どうしても気分が落ち込みます。元気も出せなくなります。これでは楽しい人生を歩むことができません。

あれこれと思い悩むことが多い人は、心配事があるたびに、「心配事なんて、実際にはそんなに起きない！」と何度も口に出して言いましょう。くり返して自分にそう言い聞かせていると、そのうち心配しなくなります。

26 不安で、心配性であることをメリットだと考える

不安を感じやすいのは、悪いことなのでしょうか。起きる可能性が小さなことを心配しすぎるのはダメなことなのでしょうか。

いいえ、そうではありません。

不安を感じやすかったり、心配性であったりするのは、〝頭がいい証拠〟でもあるからです。

カナダのオンタリオ州にあるレイクヘッド大学のアレクサンダー・ペニーは、126人の大学生に、全般性不安障害テスト、心配性テスト、知能テスト、の3種類のテストを受けてもらいました。

すると、不安で、いつでもクヨクヨと心配ばかりしている人ほど、頭がいい人でもあることがわかりました。

不安を感じるのは、頭がよすぎるからなのです。頭がいいので、おバカさんが思いつか

ないようなことまで考えてしまって、悩むのです。

「私は不安症で、心配性だ」というネガティブな自己評価ではなく、「私は頭がいいのだ」とポジティブな自己評価をしてみてください。そう考えることができれば、「自分はこれでOKなのだ」と受け入れることができますよ。

不安症や心配性の人は、頭がいいだけではなく、実は〝仕事ができる人〟でもあります。

英国ゴールドスミス大学のアダム・パーキンスは、フィナンシャル会社の社員を対象にした調査で、心配性の人ほど、仕事ができる人であることを明らかにしています。直属の上司に、「この人の仕事ぶりに点数をつけてほしい」とお願いすると、心配性の人ほど、直属の上司から「仕事ができる人」という評価を受けやすかったのです。

なぜ心配性の人ほど、仕事ができるのでしょうか。

その理由は、自分の心配を解消するために、いろいろと手を打つことができるからです。

「他の人も打ち合わせに同席するかもしれないから、資料は余分に持っていくか」

「ギリギリのスケジュールで予定を組むと、うまくいかないかもしれないから、日程と予算には相当の余裕を入れておくか」

「相手が約束を忘れているかもしれないから、念のためにメールを送っておくか」

心配性な人ほど、そういう行動をとりますから、結果として、〝仕事ができる人〟になれるのです。

楽観的な人は、そういう心配をしませんので、事前の準備もあまりやらないのです。そのため、ちょこちょことミスをしてしまい、仕事ができないのです。

不安を感じたり、心配性であることは決してマイナスなことでもありません。

頭がよくて、仕事ができる人でもあるのですから、自分に自信を持ってよいのです。考え方によっては、「私は心配性でよかった」とさえ思えるようになりますよ。

27 年をとってくると、容貌を気にしなくなる

若い人は、「見た目」を重視します。お付き合いするのなら、なるたけ顔だちの整った人のほうがいいと思うのです。

ところが、ある程度の年齢になってくると、相手の容貌の良しあしなどは、どうでもよ

くなってくるものです。それよりも、一緒にいて落ち着けるかどうか、相性が合うか、といったことのほうが重要になります。

英国カーディフ大学のジャスティン・クープランドは、『サガ』誌、『ユアーズ』誌、『ガーディアン』誌の雑誌に載せられている男女の出会い広告を分析してみました。

その結果、50代の人の広告では、謙虚さ、落ち着き、親しみやすさなどがアピールされていることがわかりました。美人やハンサムであることより、そちらのほうをアピールしたほうが異性に好かれる可能性が高まるからでしょう。

若いうちには、どうしても顔だちの良さで人の評価が決まってしまいます。ところが、年をとってくると、そんなに外見も重視されません。性格の良さや人間性の良さのほうが重視されます。

ですので、現在20代や30代の人は、「もうちょっと年をとったら、私にもチャンスがある」と思うようにしたほうがいいかもしれませんね。そう考えれば、年をとることもそんなに悪くはない、と思えますから。

若い人は、どうしても自分の顔だちが気になるものです。その気持ちは私もよく理解できます。私もかつては若かったので。「福山雅治さんくらいのイケメンで生まれてきたかったな」とずっと思っていました。鏡を見るたび、ため息をついていました。

けれども、40代になったあたりから、あまり気にならなくなりました。不思議な心境の変化なのですが、顔だちについて悩むことはキレイになくなりました。もちろん、顔だちは重要だと思いますが、それ以外のところで勝負すればいいか、と思うようになったのです。

現在、若い人に「人間の評価は、顔で決まるんじゃないんだよ」とアドバイスしても、なかなか受け入れてはもらえないと思うのですが、それなりに年をとってくると、このアドバイスが実感できるようになります。

もちろん、少しでも顔だちをよく見せる努力は必要です。スキンクリームを塗ったり、日焼け止めを塗ってシミやそばかすができないようにしたり、髪型はいつもさっぱりさせておく、といった努力を欠かしてはいけません。

そういう努力は何歳になっても必要だとは思いますが、「顔で評価が決まるわけではない」ということも知っておくと、心が軽くなります。

28 気の合う友人を見つけるちょっとしたコツ

これから友だちを作ろうとか、人脈を増やそうと考えている人は、なるべくワンちゃんやネコちゃんを飼っている人を選ぶようにするといいですよ。ペットを飼っている人は、人当たりがよい人が多いというデータがあるからです。

付き合いやすい人かどうかは、ペットを飼っているかどうかでたやすく判断できるのです。友だちづくりに不安や心配を抱えている人は、ぜひ参考にしてみてください。

カナダにあるラバル大学のA・セントＩイーブズは、81人のペットのオーナーと、68人のペットを飼っていないグループの比較を行ってみたのですが、ペットのオーナーのほうが人間関係において愛情を持って接することが多いことがわかりました。

動物に対して愛情を持てる人は、人間に対しても愛情深いことが多いのです。

ペットを飼っているかどうかは、おかしな質問でもありませんので、直接相手に聞いてしまいましょう。

「私は金魚を飼っているのですが、○○さんは何か飼ってらっしゃいますか？」

「私はネコかウサギを飼おうと思っているのですが、○○さんは何か動物を？」

こんな感じで何気なく質問してみてください。

もし、「ワンちゃんを2匹飼っているんですよ」といった返答がなされたのでしたら、そういう人は人間に対しても愛情深い人だと判断できますから、そういう人と親しくお付き合いさせてもらうようにするといいですね。

「動物が嫌いなんですよ」

「ペットって臭いじゃないですか」

「世話をするのが面倒なんですよね」

このような返答がなされたのでしたら、「この人はひょっとすると人間にも愛情を感じられない人なのかな？」と考えたほうがいいかもしれません。ペットを大切にできない人は、人間のことも大切にできないことが多いのです。

人間関係で悩みたくないのであれば、ペットを飼っている人とお付き合いするようにしましょう。

お互いにペットを飼っていると、その話題でずっと盛り上がることができますから、会話が苦手な人は、自分でもペットを飼うようにしてみてもいいですね。自分で犬を飼っていて、相手も犬を飼っている場合には、犬好き同士でずっと楽しく会話ができます。

「動物好きに悪い人はいない」という俗説もありますが、これは意外に正しい説なのかもしれません。

私は、仕事柄いろいろな人と会うことが多いのですが、ペットを飼っている人は人当たりがよいのですぐにわかります。ペットを飼っていない人はどこか冷たい雰囲気があるのですが、ペットを飼っている人は、表情が豊かで、温かい雰囲気を持つ人が多いように思うのです。

これから友だちを作ろうという人は、ペットを飼っているかどうかを調べてみるとうまくいくと思いますよ。

29 将来が心配なら、自分よりもっと状況が悪い人のことを考えてみる

もし自分の将来に不安を抱えているのなら、自分よりもはるかに状況が悪い人のことを考えてみるといいですよ。

「あいつに比べたら、私のほうがはるかにマシ」

「あの人に比べれば、僕なんてずっと恵まれているほう」

そんなふうに安心することができます。

自分と他の人を比べるときには、なるべく自分より劣る人、自分より下の人と比べるのがポイントです。間違っても、上の人と比べてはいけません。上の人と比べると、ガッカリするに決まっているのですから。下の人と比べて、ニヤニヤしていたほうが精神的に健康でいられます。比べられる人にはちょっと申し訳ないのですが、心の中でニヤニヤしているぶんには許されるのではないでしょうか。

石川啄木が、「友がみな、われより偉く見ゆる日よ」という切ない短歌を作ったのは、啄木が24歳のとき。

では、啄木はいったいだれと自分の境遇を比べたのでしょうか。本人に確認しているわけではないので推測の域を出ないのですが、どうも国語学者の金田一京助や、作家の野村胡堂だったのではないかと言われています。

東大の先生になった人や、大手新聞社の花形記者と自分を比べているのです。そんなにレベルの高い人と比べたら、落ち込むに決まっています。

くり返しますが、自分より上の人と比べてはいけません。下の人と比べるのです。

オランダにあるフローニンゲン大学のブラム・ブンクは、人間関係に満足している人は、自分よりも劣る人と自分を比べる傾向があることを突き止めています。「○○に比べたら、私はずっと恵まれている」と考えるからこそ、幸せを感じられるのです。

かりに上司がロクでもない人で、自分に厳しいことばかり言ってくるのだとしても、別の部署の同僚の上司がさらにタチの悪い人であるとすれば、「あいつに比べたら、うちの上司なんて天使みたいなもの」と納得できるのではないでしょうか。

私たちは、ともすると自分よりはるかに上位の人と自分を比べてしまいます。

「隣の芝生は青く見える」という心理ですね。ですが、そういう比較を行っていると、ますます自分の境遇が惨めに見えてきてしまうので、さらに悪い境遇にある人に目を向けるようにするのです。

かりに自分の年収が２００万円だったとしても、「契約社員のあいつに比べたら、私は正社員なのだから」と思えれば、そんなに苦しく感じません。

自分より上の人はいくらでもいるでしょうが、探せば自分よりも下の人はいくらでも見つかります。そういう人と自分を比べてください。

30 ドジな人の動画を見て笑う

ドイツ語には、「シャーデンフロイデ」という単語があります。どんな意味かというと、自分が嫌いな人が不幸な目にあうと、何となく嬉しい気持ちになるという意味です。日本語には、「他人の不幸は蜜の味」という表現はありますが、ドイツ語ではそれをひとつの単語で表現できるのです。

このシャーデンフロイデ現象、あるいはシャーデンフロイデ効果については、米国ジョージア州にあるマーサー大学のキーガン・グリーニアによっても確認されています。自分の嫌いな人がゲームに負けて落ち込んでいる姿を見ると、実験の参加者は「いい気味だ」と嬉しい気持ちになったのです。

というわけで、何となく人間関係がムシャクシャしているときには、他の人が不幸な目に遭っているところを見て、大いに楽しむのがよいでしょう。溜飲が下がるというか、不思議な爽快感を味わうことができます。

「そんなに都合よく不幸な出来事に遭っている人を見つけられるのでしょうか？」と思う人もいるでしょうね。

その点についても、問題はありません。

世の中には、インターネットという非常に便利な道具があるではありませんか。

インターネットを使って、「ドジな人の動画」と入力していただければ、いくらでもドジな人を見つけることができますよ。

きちんとネクタイを締めてスーツを着た人が道路わきの側溝に落ちたり、スケートボードで遊んでいるときに転んだり、いくらでもドジな場面を眺めることができます。そういう動画をムシャクシャするたびに見てください。悩んでいることがバカらしくなりますし、すぐに気分も上向きになります。

「人の不幸を見て喜ぶなんて、人間としてどうなのか？」と思う人もいるでしょうが、ドジな人は、自分でその動画をアップしているわけで、みんなに見られてもよいと思っているわけですから、そんなに気にしなくていいのではないでしょうか。

もし職場にものすごく嫌いな人がいて、その人がドジなことをしたときには、後でその場面を何度も思い出して楽しむようにするのもいいですね。不思議なもので、ドジな場面を思い出していると、もともと生理的に苦手だった人でも、何となく親しみを感じるというか、嫌悪感も減らすことができるかもしれませんから。

31 相手によって態度を変えなければ、嫌われる心配もない

自分よりも地位が上の人にはペコペコするくせに、自分より下の人間には態度をガラリと変える人がいます。こういう人はものすごく嫌われますので、そんな人間にならないよう、読者のみなさんは気をつけてください。

自分のお客さまには平身低頭するくせに、喫茶店に入って今度は自分がお客の立場になったとき、店員さんに向かって、「おい、水！」と尊大な言葉を吐く人もいます。こういう人もやはり嫌がられます。

性格的に二面性があり、相手によってコロコロと態度を変える人が好かれるということは絶対にありません。だれに対しても、礼儀を持って接しましょう。そうすれば、みなさんのことを嫌う人はいなくなります。

オランダにあるライデン大学のルース・フォンクは、上司に対しても部下に対しても同

じ態度で接する人のシナリオ、あるいは、上司にはペコペコして部下には厳しい人のシナリオを作成して、その人物を評価してもらったことがあるのですが、やはりというか「相手によって態度を変える人」が、ものすごく悪い印象を与えることを突き止めています。

態度を変えなければ人に嫌われることなんてないのですよ。

それを見事に実践しているのがタモリさん。

タモリさんは、相手が大御所のタレントさんでも、新人のアイドルであっても、だれに対しても変わらない丁寧な態度で接します。そういうところがタモリさんの好感度を高める一因になっているのでしょう。

ワシントン州立大学のパトリシア・サイアスは、いくつかの企業で働く20歳から55歳の社員に、どうやって職場の人間関係を維持しているのかを調べてみましたが、一番大切なことは「丁寧さ」であることを明らかにしています。

だれに対しても、礼を失わず、丁寧に対応すること。

これを心がけていれば、たいていの場合はうまくいってしまうのです。人間関係を円満にするのは、そんなに難しいことでもありません。ただ、丁寧に接していれば、それでうまくいくのです。相手が新人であろうが、重役であろうが、できるだけ丁寧な言葉で話しましょう。そういう人は確実に好かれます。

私たちは、ついつい偉そうな態度をとって、自分を大きく見せようとするものですが、そういうことをするから、逆に「器の小さな人だな」と思われるのです。本当に偉い人は、偉ぶったりしません。むしろ、謙虚で、丁寧に接することのほうが多いのです。

「親しき中にも礼儀あり」という言葉がありますが、作家の野坂昭如さんは、自分の奥さんばかりか子どもに対しても非常に丁寧だったというお話を聞いたことがあります。奥さんに対しては、「お茶を淹れていただけませんか？」と話しかけ、子どもには「パパと遊んでいただけませんか？」と丁寧にお願いしていたというのです。

私たちも、できるだけそういう人を目指したいですね。

32 言いたいことを言う

吉田兼好の『徒然草』には、「おぼしき事言わぬは腹ふくるるわざなり」という教えが書かれています。第十九段の有名な一節ですので、中学や高校の古典の時間に学んだことを記憶している人もいるでしょう。

言いたいことを言わずに我慢していると、何だかお腹に物がつかえているようで気持ちが悪い、という意味なのですが、心理学的にいってもたしかにその通りのようです。

オレゴン大学のサンジェイ・スリヴァスタヴァは、278人の大学生に、「どれくらい感情を抑圧しますか？」と尋ねる一方で、「人間関係にどれくらい満足していますか？」とも質問してみました。

その結果、自分の感情を押し殺して、言いたいことも言わないで黙っているようなタイプほど、人間関係での不満が高まりやすいことがわかりました。

さすがに思ったことを何でもかんでも口に出すのはいかがなものかと思いますが、自分の感情はある程度素直に表現したほうが、うまくいくのではないかと思います。

たとえば、自分に嫌がらせをしてくる人に対して、「やめてください」ときちんと伝えないと、相手はずっと嫌がらせを続けてくるかもしれません。黙っていると、相手はこちらが傷ついていることがわからないのです。

「悲しい気分になってしまいますので、そういうことは言わないでください」

「単に冗談を言っているだけなのかもしれませんが、私はとても傷つきます」

このようにきちんと伝えるからこそ、相手も「ハッ」と自分がハラスメントをしていることに気づくのです。言ってあげなければ、いつまでも相手にはわかりません。

「内藤先生のおっしゃることはよくわかるのですが、うまく言えません」という人もいるでしょう。そういう人は、自宅でたっぷりとリハーサルしておくといいですよ。

もしだれかにこう言われたら、自分はこう返答する、という想定問答集のようなものを作って、そのセリフを丸暗記し、鏡に向かって何度も声に出してリハーサルしておくのです。

ウィスコンシン大学のリチャード・マクフォールは、なかなか自分の感情を表現するのが苦手な人に、あらかじめセリフを丸暗記させ、リハーサルするという訓練を課したところ、上手に表現できるようになった、という報告を行っています。

たとえば、行列に割り込みしてくる人を見かけたら、黙っているのではなく、「最後尾はあちらみたいですよ」と教えてあげる、といったリハーサルをやっておくと、実際にそういう場面に遭遇したときにうまく自己主張できるようになったのです。

自己主張するのが難しいと感じる人もいると思うのですが、言いたいことがあれば我慢せずに、できるだけ口に出すようにしてください。黙っていると、いつまでも悶々として、

「腹ふくるる」状態がずっと続いてしまいますからね。

33 就職先を選ぶときには、職場の人間関係を重視する

就職を控えた大学生は、福利厚生ですとか、給料で会社を選びがちですが、これは明らかな間違い。転職を考えている人も、おそらくポストであるとか、給料やボーナスといった金銭面の条件を重視するかもしれませんが、それも間違えています。

会社を選ぶときの絶対条件は、社内の人間関係。

その会社で働いている人たちが、毎日楽しく働けるのかどうか、職場の雰囲気が明るくて、温かいのかといったことを第一の条件としなければなりません。というより、これ以外の条件など考える必要はありません。

なぜかというと、どんな業界の、どんな業種の会社であっても、職場の雰囲気がギスギスしていたら、どんな仕事も苦痛になってしまうから。

和気あいあいとした雰囲気で働ける会社なのであれば、少しくらい通勤に時間がかかろうが、手取りが少なかろうが、少しも気になりません。逆に、どんなに高給が保証されていても、人間関係がとげとげしいものであれば、そのうちに出社するのもイヤになるでしょう。

ノルウェーにあるリルハマー大学のレイフ・リドステテットは、728人の社会人の調査を行って、職場の人間関係が、仕事それ自体のストレスとは無関係に、心理的な満足度を決めることを明らかにしています。楽しい職場なら、少しくらい仕事がきつくともけっこう楽しめるものなのです。

こういう研究は枚挙に暇がありません。

ブリティッシュ・コロンビア大学のジョン・ヘリウェルは、アメリカとカナダで調査を行ってみて、職場の人への信頼感が、10点満点の尺度で1つポイントが上がることは（4点の人が5点になるように）、収入が30％増加するのと同じくらい、本人の満足度を高める、という報告を行っています。

進学するときの学校選びもそうですよね。どんな学校であっても、クラスに気の合う友だちがいれば、登校するのも楽しくなります。逆に、学校に一人も友だちがいなければ、たとえどんなにカリキュラムが充実していようが、指導上手な先生ばかりが揃っていようが、登校するのが辛くなります。

私は、学校には勉強に行くのではなく、友だちに会いに行くような気持ちでした。友だちとおしゃべりするのが楽しかったので、学校に行くのも辛くはありませんでした。

会社を選ぶときには、とにかく職場の人間関係を調べましょう。ホームページではダメですよ。ホームページには、「楽しい職場です」などと書かれているかもしれませんが、企業はイメージをよくするために平気でウソを書きますからね。実際にその会社で働いている人に直接に話を聞いてみなければなりません。

楽しい職場を探しましょう。そういう職場を見つけることができたら、どんな仕事も楽しめます。

34 楽しい思い出を何度も味わう

楽しい思い出というものは、1回だけ楽しめるのではありません。

その思い出をくり返し思い出し、楽しい気分に何度も浸りましょう。どんなにおいしい料理でも食べてしまえばなくなってしまいますが、楽しい思い出はそうではありません。何度もくり返して味わうことができるという特徴があるのです。

シカゴ大学のフレッド・ブライアントは、180人の大学生に「最高の気分になれる楽しい思い出」に関する調査を行ってみたのですが、50%の人は最高の気分になれる思い出として「人間関係」を挙げました。

「あのときのバーベキューは面白かったよなあ」

「あの合コンは本当に忘れられないなあ」

「あんなに僕の話で大笑いしてくれるなんて、最高だったよなあ」

そういう思い出は、くり返し思い出してください。

ブライアントの調査によると、19%の人は最高の出来事を思い出すたびに、ポジティブな気持ちになれたそうですから、気分が落ち込んだとき、あるいは落ち込みそうなときには楽しい思い出を思い出すようにするとよいでしょう。

80%の人は、人間関係での楽しい思い出を、記憶の中にきちんと「貯めておく」ようにしているということもブライアントは明らかにしていますので、読者のみなさんも楽しい思い出は忘れないように、何度も思い出してみるといいですね。せっかくの思い出を忘れてしまったら、もったいない話ですから。

「だれにでも人生に3回はモテ期が訪れる」というかなりいかがわしい都市伝説がありますが、どんな人も自分の人生を振り返ってみれば、何回かはそれなりに楽しい思い出があるのではないでしょうか。

小学校のときに、バレンタインデーの日に義理チョコをもらった、ということでもかまいません。どんなにささいなことでも、自分が嬉しいと感じたのなら、それは立派に楽しい思い出です。

私は中学2年生のときに、教科書を忘れたときに隣の席の女の子が自分から机をくっつけてくれて、教科書を見せてくれたことをいまだに嬉しく思い出します。

「なんだ、そんなこと」と思われるかもしれませんが、当時はとても恥ずかしがり屋だった私は、自分から「教科書見せてくれませんか？」とお願いすることができなかったのです。私が教科書を忘れていることに気づいた女の子が、自分から机を寄せてきてくれたときのことを、私はいまだに鮮明に覚えています。

「私は40年の人生で一度もモテたことがない」という人もいるかもしれませんが、そういう人だって、職場の女の子のほうから「おはよう！」と挨拶されたことくらいはあるのではないでしょうか。自分で忘れているだけで、記憶の中を探しまくれば、1つ、2つは楽しい思い出が見つかるはず。そういう思い出をくり返し味わうようにすると、すぐにハッピーな気分になれるのでとても便利です。

35 ひどい経験は、次に生かす

トラウマ的な経験をするのは、だれだってイヤなことですよね。大勢の人の前で嘲笑されるとか、職場の人たちにバイキンや無能扱いされるとか、親しい友だちに裏切られるようなことがあれば、だれでも死にたいと思うほどに苦しい気持ちになるはずです。

けれども、そういう経験がまったくのムダかというと、そうではありません。苦しい経験をするからこそ、それを将来のために生かせる、ということも現実にはよくあることだからです。

ワシントン大学のカーチス・マクミレンは、子どもの頃に虐待を受けた女性154人にコンタクトをとり、虐待を受けた経験について、「まったく益はない」を0、「少しは益があった」を1、「きわめて有益だった」を2として質問してみました。

だれにとっても虐待を受けることなど「まったく益がない」に決まっていると思うのですが、何と46・8%の女性は、虐待を受けたことを有益だと答えたのです。そのうちの24%は「きわめて有益だった」とさえ答えました。

マクミレンがなぜそう思うのかと尋ねたところ、「自分が子どもを持ったとき、子どもを守れるようになった」「人間関係に慎重になった」「強い性格が手に入れられた」など、数多くの回答が返ってきました。

苦しい経験でさえ、本人の考え方次第で将来に生かすことはできるのです。かりにブラック企業に就職してしまったとしても、そのこと自体は悲惨だとは思いますが、まったくのムダだったのかというと、そういうことにはならないと思います。

「あれだけひどい会社でさんざん鍛えられたのだから、今後はどんな会社でもやっていける」というように考えれば、良い意味での「人生の修行」として受け入れられるかもしれません。

苦しい経験をしたときには、その経験の中から、ひとつでも、ふたつでもいいので、何らかの利益を見つけるようにしてください。どんな経験でもモノの見方を変えれば、少しくらいは利益を見つけられるものです。

大学の受験に失敗したとしても、それによって自分の人生の汚点だなどと考えるのではなく、「予備校に行ったからこそ、素敵な出会いがあった」とか、「勉強ができない人の気持ちが心から理解できるようになった」というように、何らかの利益を見つけることができれば、自分にとっての良い経験だったと思うこともできるでしょう。

第4章

人間関係がさらにうまくいくための心理テクニック

36 正直になりすぎない

正直なことは、人間として美徳ではあるものの、人間関係においては「黙っていたほうがいい」というケースはいくらでもあります。

正直に何でもかんでも話すのはとても危険です。

人に自分のことを話すときには、「こんな話をしたら、相手はどう思うかな？」とまずは自問自答してから慎重に口に出さなければなりません。悪い印象を与えそうだと思うのなら、黙っていたほうが賢明でしょう。

オランダにあるユトレヒト大学のカトリン・フィンケナウアーは、自分のことを包み隠さずに伝えることは、人間関係の満足を高めますが、秘密にしておくことも同じくらい人間関係の満足を高める、という指摘を行っています。

フィンケナウアーによると、20年以上も長年連れ添った夫婦では、昔の秘密を告白することは、有益というより、むしろ危険なことだと62％が答えたそうです。黙っていたほうがいいことは、黙っていたほうがいいようですね。

「私、中学生の頃に万引きをして逮捕されたことがあるんです」

「不倫相手の子を妊娠してしまったので、1度だけ堕胎した経験があります」

そういうことは絶対に秘密にしておいて、墓場にまで持っていきましょう。そういう秘密を聞かされて、嬉しい人などいないからです。

幼児性の強い人は、自分のことを何でもしゃべってしまう傾向がありますが、悪い印象を与えそうなことは、決して他人に話さないようにしましょう。それが大人のやり方というものです。

多くの人は、ウソをつくことは悪いことだと思っているようですが、相手のためを思ってつくウソは、善意のウソなのであって、悪意のウソとは区別しておかなければなりません。相手をだまそうとするウソではないのですから、善意のウソは許されるべきです。

ウソは立派な社交術なのであり、すべてのウソが悪いというわけではありません。正直になりすぎず、本当のことを隠しておいたほうが、かえって人間関係は円満なまま維持できる、ということはよくあることなのです。

37 悩みを語ると、2回傷つく

悩みがある人は、友だちや家族に自分の悩みを打ち明けたいという気持ちになります。話すことによって心をスッキリさせたいと思うのでしょう。

けれども、安易にお悩み相談を他人に持ちかけるのは危険です。

なぜなら、相談することによってさらに不愉快な思いをすることもあるからです。

ニューヨーク州立大学のサンドラ・マレーは、１７３組の夫婦に、21日間、日記をつけてもらい、その内容を分析してみました。

その結果、職場でイヤな目に遭い、自宅に戻ってから配偶者に悩みを聞いてもらおうとしたのに、配偶者に冷たい態度をとられると、イヤな気分を2回も味わうことがわかりました。職場でイヤな思いをし、配偶者の冷たい態度でもう1回イヤな思いをするのです。

配偶者のほうも、仕事をしてきてクタクタです。そんな状態で、夫の、あるいは妻の愚痴や不満を聞かされたくはありません。どうしても冷たい態度になってしまいます。

「そんなのたいしたことないな、僕なんて、もっとひどいよ」

「ふ〜ん、そんなことで悩んでるの？」

「どうでもいいことで悩んでるんだな」

せっかく悩みを打ち明けても、そんな態度をとられてしまう確率はとても高いのです。

悩みを聞いてもらいたいと思っていても、配偶者のほうも疲労困憊していて、相手の相談にのってあげられるだけの心の余裕がありません。そういう相手には、相談を持ちかけないほうがいいのです。冷たい態度をとられて、余計にしょんぼりしてしまいますから。

相手の様子を見て、「相当に疲れているな」と思うのなら、愚痴や不満を聞いてもらおうとするのをやめましょう。

奥さん（あるいは旦那さん）がニコニコしていて、明るい顔で「おかえり〜」と出迎えてくれるような状態なら、こちらの悩みの相談にものってくれるでしょう。いつでも愚痴や不満を言ってはいけない、というのではありません。相手に心の余裕がありそうなときには、いくら相談を持ちかけても大丈夫です。

私たちは、イヤな思いをするとそれを他人に語ることによってスッキリしたいと思うのですが、それを聞かされる相手の立場も考えてあげなければなりません。もし素っ気ない態度をとられても、それはそれでしかたがないところがあります。

友だちに愚痴を語るときも同じです。

どんなに性格がやさしい人でも、疲れているときには他人の相談にものれません。自分のことで手一杯で、他人にまでやさしくできないのです。

せっかく悩みの相談を持ちかけても、相手につれない態度をとられると、2回もイヤな気分を味わうことになりますので、自分一人でどうにか解決できないものかと考えたほうがよさそうな気もします。

自分なりに、自分でできるストレス解消法をいくつか持っていれば、他人に相談をして2回もイヤな思いをせずにすみます。

38 何もしないほうがよいこともある

心に溜まったモヤモヤは、人に聞いてもらうとスッキリすると一般に考えられています。心理学には「カタルシス」という用語があり、他人に悩みを相談することで心が浄化されるのだと長らく考えられていました。

しかし最近は、この「カタルシス」という現象がどうも怪しいということを示す研究もチラホラ見られるようになりました。他人に悩みを話していると、かえってよくない結果になるのではないか、というのですね。

ニューヨーク州立大学のマーク・シーリーは、2001年9月11日にアメリカで起きた同時多発テロ事件の発生当日から数日後までに、自分の感じたトラウマを他の人に話したか、話さなかったかを2138人に質問しました。

それから2年後に再調査してみると、**トラウマを「話さなかった」人のほうが、トラウマに悩むこともなく、精神的に健康であることがわかりました。**

心にモヤモヤがあっても、何もしないことのほうがいいこともあるのです。

トラウマを人に話そうとすると、その当時の記憶や感情が蘇ります。いろいろな人に話そうとすると、そのたびにトラウマが再燃してしまうのです。

その点、だれにも話さないようにすると、記憶や感情は少しずつ風化していきますから、気づいたときにはすっかり忘れているのです。

しばらく放っておけば、イヤな思い出は自然に消えます。

ところが、他の人に「ねえ、ちょっと聞いてよ」と自分の悩みを語ろうとすると、そのたびに当時のトラウマが再燃します。せっかく消えかかった火に、新しいガソリンをぶちまけるのと同じで、トラウマはなかなか消えません。

心に悩みがあるからといって、それを他の人に聞いてもらおうとすると、悩みが余計に長引くこともある（いつもではありません）という事実は知っておくといいですね。

シーリーは、悩みを抱えた人は、すぐにカウンセラーやセラピストに相談しようとするものですが、そんなことをしないほうがよいかもしれないとさえ指摘しています。

イヤなことがあったときには、大好きなものを食べ、お風呂にゆったりつかって、さっさと寝てしまいましょう。一晩寝れば、心も軽くなっています。

私たちの心は、もろくて壊れやすいのかというと、そんなこともありません。

私たちの心には、相当に強い自然回復能力がありますので、しばらく放っておけばたいていの悩みは消えてなくなるのです。問題が発生したからといって、あわてて他人に話そうとしたり、カウンセラーのところにいったりしなくとも、悩みは自然に消えるのだということを覚えておきましょう。

39 人の心は、私たちが思っているよりも強い

「トラウマ」という言葉は、もともとは心理学の学術用語だったのですが、今ではすっかり日常語になってしまいました。大変に苦しい思いをすると、「なんだかトラウマになりそう」などと、普通の人でも使います。

さて、トラウマ的な出来事が起きたときには、どういう対応をすればいいのかというと、すぐにどうにかしようとするのではなく、まずは少し様子を見ましょう。あわててカウンセラーのところにかけこまなくてかまいません。

コロンビア大学のジョージ・ボナノは、配偶者が亡くなってしまい、悲しみに打ちのめされたときでも、カウンセリングが必要かというと、決してそんなことはないと述べています。

たいていの人は自分の力で、人間関係の喪失の苦しみから立ち直るのであって、カウンセリングを受けると、かえって回復力が弱められてしまい、事態がさらに悪化する可能性さえあるとボナノは指摘しています。

失恋をしたとか、受験に失敗したとか、苦しく感じる出来事が起こったとしても、すぐにどうにかするのはやめましょう。

私たちの心には、自然な回復力が備わっているのです。ものすごく悲しい気持ちになったとしても、カウンセラーにすぐに助けを求めるのはどうなのでしょうか。

私は心理学者ですので、本来なら同業者であるカウンセラーの肩を持って、「苦しいときにはカウンセリングやセラピーを受けるといいよ」とアドバイスしたいところですが、まずは自分の自然な回復力を信じたほうがいいような気がします。

病気になったときもそうで、ちょっと熱が出たからといって、すぐに解熱剤を飲む必要はありません。

なぜなら、私たちの身体は非常に良くできていて、ウィルスが身体に侵入すると、体温を上げることでウィルスをやっつけようとする自然な免疫メカニズムが備わっているからです。たいていの病気は、2、3日寝ていれば自然に治るのです。解熱剤などを飲んでしまうと、かえって自然な免疫力が弱まってしまいます。

心の病気についても同じです。

どんなに苦しい出来事が起きても、しばらくの期間を乗り切れば、自然に受け入れることができるようになります。乗り切る時間がどれくらいになるかは、人によって違うと思いますが、「一生、苦しいまま」ということは絶対にありません。熱が出ても、しばらくすると自然に熱が引いていくように、心の悩みも少しずつ、少しずつ和らいでいきます。

40 スーパーヒーローのことを考えると勇気が出せる

恥ずかしがり屋の人は、困っている人を見かけても、なかなか自分から「お手伝いしましょうか?」という申し出ができません。親切にしたいという気持ちはあるのに、声をかけるのが恥ずかしくて躊躇してしまうのです。

だれでも親切にされるのは嬉しいことなのですから、困っている人を見かけたら、どんどん行動しましょう。

「そうは言っても、どうしても声をかける勇気が出ないんですよね」という人もいるでしょう。そういう人は、心の中で、スーパーヒーローのことを考えるといいですよ。スパイダーマンでもかまいませんし、スーパーマンでも、スーパーウーマンでもかまいませんし、ライオン・キングでもかまいません。

もちろん自分にとっての身近なスーパーヒーローでもかまいません。好きな漫画に出てくるキャラクターでもよいでしょう。そういう人のことをイメージしていると、困った人を見かけたとき、無意識的に助けを申し出ることができます。

ニューヨーク大学のレイフ・ネルソンは、56人の大学生を2つに分けて、片方のグループには、「スーパーヒーロー」について考えてもらいました。スーパーヒーローはどんな行動をとるのか、どんなライフスタイルを送っているのか、どんな性格なのかなどを自由に考えてもらって紙に箇条書きしてもらったのです。

残りの半数は、比較のためのコントロールグループだったので、「男女共用の寮」という、どうでもいいようなことを箇条書きしてもらいました。

それから、「年配のおばあちゃんが電車に乗ってきたとします。車内は満員です。あな

スーパーヒーローのことを考えると、人助けできる

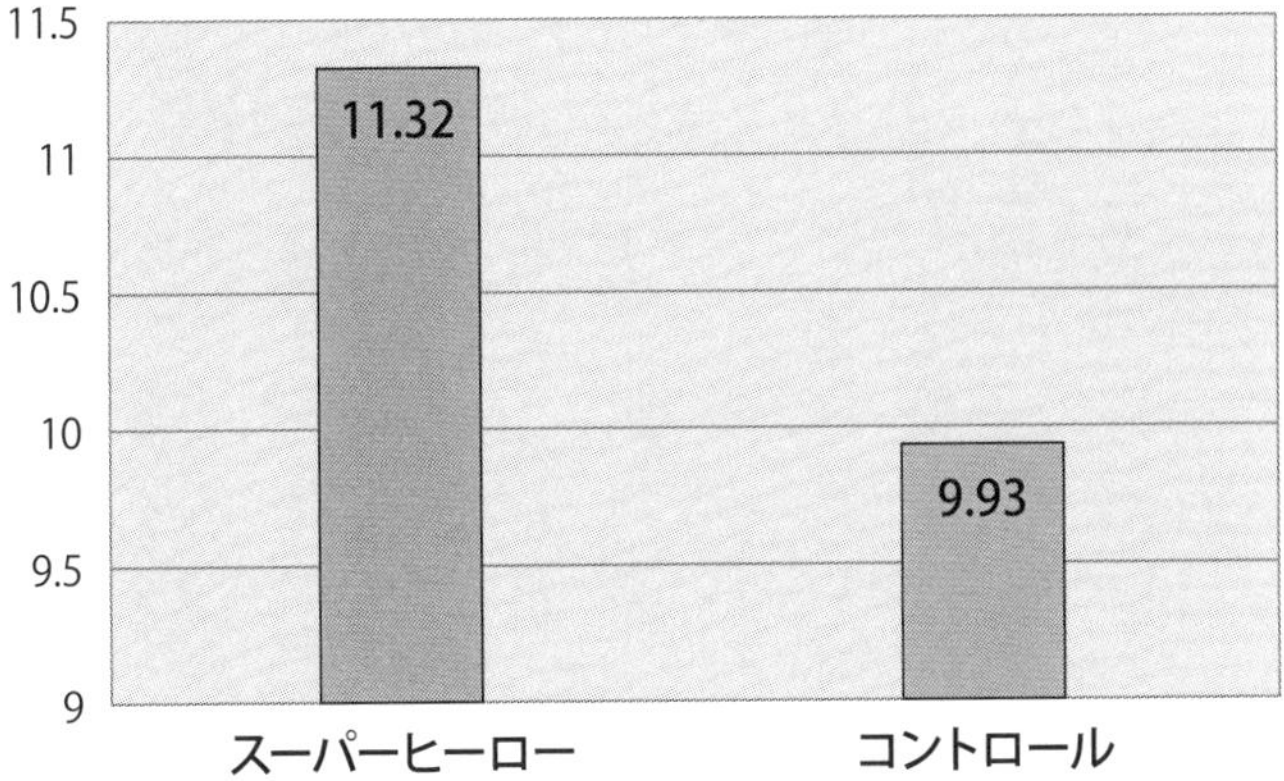

＊数値は 15 点満点。15 点に近いほど手助けする見込みが高いことを示す。

（出典：Nelson, L. D. & Norton, M. I., 2005より）

たは座席に座っているのですが、その席をおばあちゃんに譲る見込みはどれくらいですか？」と尋ねてみました。すると上のグラフのような結果になったのです。

スーパーヒーローのことを考えていると、「スーパーヒーローなら、こういうときには絶対に助けるはずだ」という強い気持ちが生まれ、人助けをする見込みが高くなるのです。恥ずかしがり屋さんや、引っ込み思案の人でも、スーパーヒーローのことを考えていれば、困った人を見かけたとき、さっと助けることができるはず。ぜひ、この心理テクニックを試してみてください。

人に親切にすると、相手に感謝してもら

えますし、自分も嬉しい気持ちになりますよ。

41 こちらがニコニコしていれば、相手からもニコニコが返ってくる

私たちの笑顔には、感染効果があります。

こちらがニコニコしていれば、その顔を見た相手もニコニコし始めるのです。こちらが幸せな顔をしていれば、相手もそれにつられて笑顔になるのですね。

普段から、できるだけニコニコしていましょう。ニコニコしていれば、周囲の人たちもニコニコを返してくれますし、お互いにニコニコしていれば人間関係が悪くなることは決してありません。

オランダにあるアムステルダム大学のアニーク・ヴルートは、笑顔の感染力を調べる実験をしてみました。

デパートやスーパーなどで買い物をしているお客に、男女のアシスタントが動物保護の

ための募金を持ちかけるという実験なのですが、アシスタントはあるお客には笑顔で声をかけ、別のお客にはできるだけ無表情を作ってから声をかけてみたのです。

少し離れたところにいる観察者が、声をかけられたときのお客の表情を分析しました。その結果、アシスタントがニコニコしながら声をかけると、64・9％のお客さまもつられて笑顔になりました。無表情で声をかけたときには64・7％が無表情でした。

ちなみに、笑顔で募金をお願いしたときには51・3％が快く応じてくれましたが、無表情のときには29・3％。笑顔で話しかけたほうが、相手も好意的に応対してくれるようですね。

人に冷たくされたり、意地悪されたりしたくなかったら、いつでもニコニコしていましょう。いつでも笑顔でいれば敵を作りません。

ニコニコしていれば、相手も好意を感じますし、そういう人にはなかなか冷たい態度はとれないものです。

笑顔を作るのが苦手な人は、ほんの一瞬だけニコッと微笑むだけでもいいですよ。

笑顔の感染力は相当に強いので、一瞬でも笑顔を見せれば、相手も笑顔を返してくれるからです。

スウェーデンにあるウプサラ大学のウルフ・ディンバーグは、120人の大学生に筋電計（EMG）の装置を顔につけてもらい、30ミリ秒（1ミリ秒は1000分の1秒）だけ、笑った顔や怒った顔のスライドを見せてみました。

30ミリ秒というのはほんの一瞬で、人間には知覚できない速度。ところがほんの一瞬でも笑った顔を見ると、知覚できないはずなのに大頬骨筋（笑顔を作るときに口の角度を上下に引く表情筋）が反応することがわかったのです。

怒った顔を見せたときも同じでした。30ミリ秒というほんの一瞬でも怒った顔を見せられると、実験参加者たちは皺眉筋（名前の通り、眉間にシワを作らせる筋肉）が反応したのです。怒った顔をしていると、相手も不機嫌な顔になるということです。

人間関係で失敗しないためにも、普段からニコニコする習慣を身につけましょう。ニコニコしていれば、相手もニコニコしてくれますし、結果としてだれとでも仲良くできます。

42 落ち込んだときこそ、弾んだ声を出してみる

イヤな思いをして落ち込んでいると、自分でも気がつかないうちに落ち込んだ声になってしまいます。

けれども、心理的に落ち込んでしまったときほど、本当は明るく、弾んだ声を出すようにしたほうがいいのです。明るい声というのは、音階でいうと「ソ」とか「ラ」の声。そういう声をできるだけ頑張って出してください。

「OK！　OK！　まだまだ私は大丈夫！」

「こんなのへっちゃら。もう慣れた！」

「ようし、次に頑張るか！」

こんな感じで明るい声を出してみてください。不思議なことに、明るい声を出すようにしていると、気分のほうも少しずつ上向きになるのです。

パリ第6大学（別名ピエール・マリー・キュリー大学）のジョン・オクチュリエは、朗読している自分の声を後でヘッドホンを使って聞く、という実験をしてみたことがあります。

ただし、最初に参加者たちが録音した声は、そのまま聞かせるのではなく、機械的な変換機を使って、ピッチや抑揚を微妙に高くして明るい声になるように操作しておきました。参加者は自分の声が明るく変換されたことには気づきません。

さて、少しだけ明るくなった自分の朗読の声を聞かせた後、今の気分について尋ねてみると、ハッピーな気分になることがわかりました。

明るい声を出すようにしていると、気分は明るくなるのです。

どうしてこんなことが起きてしまうのでしょう。

その理由は、脳みそが騙されるから。

私たちの脳みそは、自分の明るい声を聞くと、「私は今、明るい気分なのに違いない」と勘違いしてくれて、ハッピーホルモンと呼ばれる、セロトニンやオキシトシンなどをどんどん分泌してくれます。その結果、本当に明るい気持ちになっていくのです。

落ち込んだ声を出し、自分の落ち込んだ声を聞いていると、ますます気分が落ち込んでしまいます。ですから、たとえウソでも演技でも、できるだけ明るい声を出して話すようにしたほうがいいのです。

明るい声というのがいまいち理解しにくいと思うのですが、友人や家族に誕生日にサプライズのプレゼントをもらったときに自然に出てくる、「うわぁ〜、ありがとう！」というときの声です。

ゲームが好きな人なら、難しいゲームをクリアしたときの、「よおし！」「やったぁ！」とつい出てしまうときの声だといえばわかりやすいでしょうか。

少し高い音階で、少し大きな声を出すのがポイントです。

もちろん、このテクニックは、気分が落ち込んだときだけでなく、普段の日常生活で使っていただいてもかまいません。笑顔もそうですが、楽しいから笑顔になるのではなく、普段からニコニコしていたほうがいいですし、弾んだ声についても、楽しいときにだけそういう声を出すのではなく、普段からそういう声を出す習慣を身につけるとなおいいでしょうね。

43 相手に好意を感じてほしいなら、まずは自分が相手に好意を示す

他の人には、愚痴や不満の心を持ってはいけません。

「なんだよ、あいつ気にいらないな」

「顔を見るだけで虫唾が走るよ」

こんなふうに相手を心の中で嫌っていると、そういう気持ちは苦々しい表情やとげとげしい声として無意識に出てしまい、相手にも伝わってしまいます。当然、相手も気分が悪くなるので同じ気持ちを持ってしまいます。

相手に良く評価してもらいたいのなら、まずはこちらから相手を良く評価してあげましょう。

「あなたはいつだって私にとって100点満点!」という気持ちで接してあげるからこそ、相手も嬉しく感じ、同じようにみなさんのことを100点満点だと思ってくれるのです。

こちらがまず先に相手に好意を示さないと、相手からも好意が返ってくることはありません。

相手に悪感情しか見せていないのに、相手からは好意を返してほしいなどと期待するのはムシのいい話ではありませんか。

ニューヨーク州立大学のスーザン・リエラは、127人の男女に、どうして恋に落ちたのかを尋ねてみました。その理由を分析してみると、**「相手が私に好意を示してくれたから」と答えた人が、なんと82%もありました。**

私たちは、自分に好意を見せてくれる人を好きになるのです。

「あなたが世界で一番カッコいい！」

「あなたが私にとって最高のお姫さま！」

歯の浮いてしまうようなセリフですが、そういうことを言われて気分が悪くなる人はいません。絶対に嬉しいと思うはずですし、そういうことを言ってくれる人には、自分も好意を持ってしまうものです。

というわけで、他の人と仲良く円満な関係を築きたいのであれば、まずはこちらから相手に好意を持つことがとても大切になるわけです。こちらが相手をどう評価するかによって、相手からも自分がどう評価されるのかが決まるのです。

コネチカット大学のデビッド・ケニーは、8人ずつのグループに話し合いをさせ、毎回、他のメンバーについての得点をつけてもらいました。この話し合いは、8週間に渡って続けられたのですが、とても面白いことがわかりました。

たとえば、Aさんは90点、Bさんは70点、Cさんはちょっと苦手だから30点という具合に点数をつけると、Aさんからは92点、Bさんからは68点、Cさんからは22点というように、こちらがつけた点数と、似たような点数が相手からも返ってくることがわかったのです。

人に好かれたいなら、相手の良いところをどんどん探し、好きになってあげることが大切です。

44 イヤな顔になってしまうのは、自分のせい

読者のみなさんは、「40歳を過ぎたら、自分の顔に責任を持ちなさい」という言葉を聞

いたことはないでしょうか。

どうもこれは第16代米国大統領のエイブラハム・リンカーンの言葉らしいのですが、私たちの顔というものは、自分がどんな性格で、どんな表情をよくするかによって、どんどん変わっていくのです。生まれたときの顔が、ずっとそのままというわけではないのですね。

いつでも不機嫌な顔をしていたら、不機嫌なことがないときでも不機嫌な顔になっていきます。いつでもよく笑っている人は、にこやかな顔になっていきます。40歳になる頃には、すっかり自分の性格どおりの顔つきになっていくのです。

イヤな顔になっているのだとしたら、それは自分が悪いのです。

毎日、明るい気持ちで、楽しく生きていくようにすれば、顔もどんどん変わっていきます。

ジャーナリストの大宅壮一さんは、「顔はその人の人生の履歴書」と言ってましたが、まさしく顔を見れば、その人がどんな人物なのか、他の人にはひと目でわかってしまうのです。

米国ニュースクール大学のキャロル・マラテスタは、長い時間をかけて顔に刻まれたシワから、その人の人物像がわかるのではないだろうかという仮説を立て、14人の高齢者に心理テストを受けてもらう一方で、30人の判定者に高齢者の顔写真から、性格を見抜くことができるかどうかを検証してみました。

結果は、まさにマラテスタの仮説どおりで、**怒りっぽい人は怒りっぽい顔をしており、悲観的な人は、悲しそうな顔をしていることがわかりました。**

心理学では、自分の性格によって表情が変わってきてしまうことをドリアン・グレイ効果と呼んでいます。オスカー・ワイルドの『ドリアン・グレイの肖像』という小説にちなむ用語です。

ドリアン・グレイという美形な男性が主人公で、その肖像画も最初はとても魅力的に描かれていたのに、グレイの心がどんどん醜くなっていくにつれて、肖像画もどんどん醜くなっていく、という筋書きの小説です。

私たちの顔は、自分がどんな心を持っているのか、どんな性格なのかによって変わります。毎日を、楽しく生きるようにしていれば、福々しい顔になっていきますし、周囲の人たちにも好印象を与えるでしょう。

逆に、暗い顔や、怒った顔をしていると、少しずつそういう顔になってしまうので注意してください。40歳を過ぎたら、イヤな顔になってしまうかどうかは、自己責任ですからね。イヤな顔にならないよう、普段から、明るく、陽気な人間になりましょう。

45 エゴサーチをしない

自分自身、あるいは自分の会社がまわりの人たちからどのような評価を受けているのかをインターネットで調べることを「エゴサーチ」（略して「エゴサ」とも）といいます。

インターネットを使えば、たしかに簡単に自分の評判や噂などを調べることができますが、いったいそういうことをして自分に何か目に見えるメリットがあるのでしょうか。

たしかに、自分に対して好意的な意見が書かれていれば嬉しくもなるでしょう。ところが残念なことに、ほとんどの場合、自分についての悪いコメントや罵詈雑言ばかりを見つけてしまうのではないかと思われます。かなりの高確率で悪い評判しか見つけられないでしょう。

自分に対してアンチな意見ばかり目にしていたら、気分が落ち込むに決まっていますよね。ですから、そもそもエゴサーチなどしないほうがいいのです。

体重を頻繁に測っていると、自分の身体に不満を感じやすくなる

	頻繁に測る	めったに測らない
外見にこだわる	5.13	4.75（7点満点）
身体の不満	3.77	3.35（6点満点）

（出典：Mercurio, A. & Rima, B., 2011より）

世の中には、知らなくていい情報を目にすることで気分が落ち込むことはよくあります。

ボストン大学のアンドレア・マルキュリオは、１４５人の大学生に「どれくらい頻繁に体重を測りますか？」と尋ねる一方で、どれくらい外見にこだわるのか、どれくらい自分の身体に不満を感じるのかを聞いてみました。すると、上の表のような結果になったそうです。

しょっちゅう体重計に乗っていると、自分の身体に自信が持てなくなってしまうことがわかりますね。体重計に乗るたび、イヤな思いをするくらいなら、いっそのこと体重計に乗らないほうがいいかもしれません。

定期健診を受けるのが大好きな人もいるでしょうが、これもあまりやりすぎるのは考えものです。

ネバダ大学のマレー・ミラーは、コレステロール値の

検診、歯科検診、眼科検診、皮膚がん検診、血圧検診などを受ければ受けるほど、かえって心配事が増え、ネガティブな感情が高まってしまうという報告を行っています。

健康のために検診を受けるはずなのに、検診を受けるたび、いろいろな数値で問題が見つかって、ガッカリするくらいなら、いっそのこと検診を受けないほうが心はスッキリしたままでいられるものです。

知らなくていいことは、知らないままにしておきましょう。臭いものにはさりげなくフタをして、「見なかったこと」にしておくのが精神的に健康でいられるコツです。

46 精神医学やカウンセリングの本は読まないほうがいい

本書をお読みくださっているみなさまにはまことに申し訳ないのですが、実をいうと、本書のような内容の本は読まないほうがいいかもしれません。

自分の悩みを解決しようとして、心理学やカウンセリングの本を読んでいると、さらに悩みが増えてしまう、という皮肉な現象が起きることもあるからです。

医学生症候群、あるいはインターン症候群という用語があります。

医学部の学生は、いろいろな病気とその症状を学ぶわけですが、医学的な知識が増えるたびに、「ひょっとして自分もこの症状に当てはまっているのではないか?」と感じるようになり、健康であっても、なぜか自信が持てなくなってくるのです。これが医学生症候群です。

サウジアラビアにあるタイフ大学のサミヤー・アルサガフィは、医学部の学生195人と、他学部の学生200人を比較したところ、医学部の学生のほうが、自分が糖尿病になってしまうリスク、高血圧になるリスク、頭痛が起きるリスク、ガンになるリスクなどを高く見積もることを明らかにしています。

ヘタに知識が増えると、悩みも増えてしまうということがあるのです。

心理学の本についても同様。

知識がなければ悩むこともないのですが、中途半端に知識を得てしまったために、「私は〝社交不安障害〟ではないのか?」とか、「私は〝自己臭症〟なのでは?」と余計な心配ごとを抱え込んでしまうことはよくあります。

余計な悩みが増えるくらいなら、いっそのこと本など読まないほうがよい、ということもあるのです。

本書では、「どうすれば悩みをなくせるのか?」という具体的、実践的な解決法をご紹介しているので、悩みが増えるというより、むしろ「なるほど、こうすればいいのか」という指針が得られると思います。

けれども、あまり他の人の本の悪口は言いたくありませんが、不安を煽るだけ煽って、それでいて何の解決策も教えてくれない本もうんざりするほどたくさんあります。そういう本はできるだけ読まないようにしたほうがいいかもしれません。

私は小学生の頃に、ノストラダムスの大予言に関する本を読み、「人類はもうすぐ絶滅するのだ」と思い込んで、布団の中で震えていた思い出があります。おかしな本を読むと、不安ばかりが高まってしまうので、そういう本はできるだけ避けたほうがいいでしょう。

第5章

毎日の悩みとストレスが解消されるテクニック

47 人に会う時間を減らしてみる

生まれつき社交的な人ならわかりませんが、たいていの人にとっては、人に会うことがストレスになります。「人と会うのが大好き」という人でも、それでも1日に10時間も15時間もだれかとしゃべっていたら、ちょっとうんざりするのではないでしょうか。

甘いスイーツが大好きな人でも、食べすぎたら気持ち悪くなってしまうのと同じで、人に会うことは私たちに喜びや嬉しさの感情を高めてくれますが、それにも限界というものがあるのです。

というわけで、「最近、ちょっとストレス気味」という人は、人に会うのを少し減らしたほうがいいかもしれません。

週末にはだれにも会わず、1日中引きこもっていれば、ストレスもなくなって、「また翌週から頑張ろうか」という気持ちになれるでしょう。しばらくどこかの山奥に引きこもってしまうのもよいかもしれません。

米国ヴァージニア大学のコスタディン・クシュレフは、166か国のべ25万人以上の調査を行って、「1日に3時間以上だれかと一緒にいる人は、そんなに長く一緒にいない人より、ストレスを感じて、幸福度が下がる」という報告をしています。

人に会うのは、世界のどの国の人にとってもストレスになるようですね。

少しだけ人に会うのをやめると、そのうちに寂しい気持ちになって、「人とおしゃべりしたいな」という気持ちになります。そういう気持ちが復活したら、また人間関係を復活させればよいのです。

おいしい食べ物を食べすぎたり、大好きなお酒でも飲みすぎたりしたら、それを見るのもイヤになってしまいますよね。人付き合いも同じで、1日中人と会っていたら、だれでもイヤになるものなのです。

結婚生活も同じ。お互いに好きあって結婚をすることは言うまでもありませんが、ずっと顔を突き合わせていたら、それなりにストレスを感じます。ですので、お互いに自分の部屋を持って、自分だけの時間を作るなり、ちょっと一人だけで外出してみたりするほうが、お互いの関係はよくなるのです。

「日曜には、好きなＤＶＤをずっと見ていたい」

「夜には、少しだけ一人でゲームをする時間がほしい」

「ちょっとだけ一人でお酒を飲みに行きたい」

そういうことをお互いに決めておけば、うまくいきます。別にケンカをしたわけではないのですし、少しだけ自分の時間を作らせてもらって、「プチ引きこもり」をするのです。翌日には、またいつものように顔を会わせて楽しくおしゃべりしましょう。

職場でクタクタになったときにも、やはり引きこもりましょう。トイレの個室に隠れて少しだけ目をつむってみたり、だれも来ない非常階段、あるいは会社の近くの公園に緊急避難してみたり、一人でぼんやりしてみると、短時間でもストレスをずいぶん減らせるはずです。

48 ペットを飼ってみる

世の中には、とんでもない俗説や都市伝説があるものですが、その中に「寂しい人はネコを飼う」というものがあります。「寂しい人は」でなく、「寂しい女性は」となっているバージョンもあります。

たいていの人は、「なんだ、そんな説、バカバカしい」と一笑に付してしまうと思うのですが、心理学的に言うとまんざらおかしな説でもありません。

寂しい人や、孤独感の高い人は、人とのつながりを求めます。

本当は人とのつながりがほしいのですが、引っ込み思案だったりして、どうしても友だちや恋人を作るのが難しい人もいます。

そういう人はどうするのかというと、人ではなくペットとのつながりによって代理満足を得ようとするのです。

「寂しい人はネコを飼う」という説もまんざら間違いではありません。別にネコでなくともハムスターでもウサギでもかまいませんが、ペットがいれば孤独感は相当に薄まります。

人間関係に悩んだり、人間不信に陥ってしまったりした人は、ペットを飼ってみるのがいいでしょうね。心が癒されますし、悩みがすっかり消えて、人に不安も感じなくなったら、将来的に友だちを作ればいいのです。

マイアミ大学のアレン・マッコーネルは、ペットを飼っている人と、ペットを飼っていない人に、自尊心を測定するテストと、孤独感を測定するテストを受けてもらいました。また、どれくらい運動するのかなども合わせて聞いてみました。

その結果、ペットを飼っている人ほど、自尊心が高く、孤独感を感じにくく、毎日運動する習慣がある（つまりは健康的）であることがわかったのです。

友だちが一人もおらず、いつでも部屋で一人きりで悶々としているのなら、ペットを飼ってみるのはいかがでしょうか。

ペットは口をきくことができませんが、しっかりかわいがってあげれば、とても懐いてくれます。名前を呼ぶと走って飛んできてくれます。とても愛らしいですし、心が癒されます。毎日のストレスもペットの顔を見ると、いっぺんに吹き飛ぶと思いますよ。

自宅の近辺で「ペット愛好者の集まり」なども探してみてください。お互いに同じペットを飼っていれば、会話も弾むでしょうし、そういう集まりに積極的に参加するようにしていれば、友だちや恋人もできるでしょう。

49 自分のせいでなくともお詫びしてしまう

相手に迷惑をかけてしまったときには、たとえその責任が自分にはなくとも、きちんと頭を下げてお詫びをしてしまったほうがいいですよ。自分に責任があるかどうかなどは、考えないほうがよいでしょう。

相手に迷惑をかけているのに、「だって…」「でも…」とすぐに言い訳をしたり、正当化しようとしたりする人がいますが（けっこう多いですが）、そういう人はものすごく嫌われるものです。

「だって電車が遅れたんですよ。それって、私のせいじゃないですよね？」

「『海外からの発注なので納期が遅れることもあります』って書面にちゃんと書いてあるんですよ？　それで怒られるのって、理不尽じゃないですか？」

なるほど、気持ちはよくわかります。

ですが、それでも相手に迷惑がかかっていることは事実。気分を害していることは間違いないのですから、お詫びすべきなのです。

英語には、「アイム・ソーリー・アバウト・ザ・レイン」という面白い表現があります。直訳すれば「雨でごめんなさい」。

意味がわかりにくいと思うので説明しておきましょう。雨が降っていることは、自然現象ですので、まったく自分の責任ではありませんが、それでもあいにくの雨であなたが不快な思いをしているかもしれないので、その点について申し訳ない気持ちです、といった意味になるでしょうか。

ハーバード・ビジネス・スクールのアリソン・ブルックスは、コンピュータの動作不良で相手に迷惑をかけてしまったとき、自分には責任がなくとも、「本当にごめん」とお詫びしておいたほうが、お詫びをしなかったときよりも好意的に評価してもらえることを明らかにしています。

言い訳や正当化をしようとすると、相手はさらに気分が害されます。

怒っている人に対して、「だって…」と自分に責任がないことを説明しようとすると、余計に憤慨させてしまう可能性が大です。

もともとクレーマーになるつもりはなくとも、お客さまはクレーマーになってしまうことがあります。お店側の、あるいは店員の心ない対応によって腹が立ち、結果としてクレーマーになっていく、ということもあるのではないでしょうか。

怒っている人をさらに怒らせないためにも、自分に責任があるかどうかなどを考えず、さっさと「すみませんでした」と頭を下げるのです。たいていの問題はこちらがお詫びすればすぐに解決できるものです。

50 ムリに話そうとしなくてもいい

人と会話をするのが苦手なら、ムリに話そうとしなくてかまいません。どんな話題を切り出したらよいのか、どんな話をすれば相手が喜んでくれそうか、などと考えるからパニックになるのです。自分から話そうとしなくてもいいのです。

「それでは会話が成り立たないではないか」と思われるかもしれませんが、こちらから話題を提供しなければ、そのうち相手のほうが何か気を遣って話題を切り出してくるでしょうから、こちらは聞き役に徹していればいいのです。

「ふん、ふん」とうまく相づちを打ちながら、「ほう、ほう、面白いお話ですな」と水を向けてあげれば、たいていの人はずっとしゃべってくれます。それを聞いているだけでいいのです。

イリノイ州立大学のスーザン・スプレッシャーは、118人の大学生を集めて、面識のない2人をペアにして、ランダムに話し手と聞き手役に分けました。

話し手は、実験者が出したお題（「もしどこにでも旅行に行けるなら、行先は？　その理由は？」など）について最大4分間ずっとおしゃべりするのです。聞き手は、一切話してはいけません。聞き手に許されているのは、相づちを打つこと、相手の目を見つめること、微笑み、の3つだけでした。

この作業が終わったところで、お互いにどれくらい好意を感じたのかを聞いてみると、話し手のほうが、聞き手の人に高得点をつけました。私たちは、他の人に自分の話を聞いてもらうと、その相手を好きになるのです。

というわけで、**聞き役に徹していれば、勝手に相手が話してくれるばかりか、さらには**

好印象を与えることができるわけです。聞き役に徹したほうが、話題を考えずにすみますし、しかも相手には好かれる、という一石二鳥の効果があるのです。

では、どうして相手に話してもらうと、好かれるのでしょうか。

その理由は、私たちは自分の話をだれかに聞いてもらうことが大好きだからです。

ハーバード大学のダイアナ・タミールは、自分のことをしゃべっているときの脳みその活動を調べてみたことがあるのですが、中央辺縁系、側坐核、腹側被蓋野などが活性化していることがわかりました。これらの領域は、快感をつかさどる部位です。自分のことをおしゃべりしていると、私たちはとても気持ちがいいのです。

というわけで、自分はできるだけお話をしないほうがいいのです。

相手にたくさんお話をしてもらい、こちらは聞き役に徹したほうが、相手に好かれることが科学的に証明されているわけですから、ムリに話そうとするのをやめましょう。そのほうが疲れないというおまけもついてきます。

51 説明が足りないより、くどいくらいでちょうどいい

人に説明をするときには、相当に詳しくしてあげたほうがいいですよ。表現を変えたり、言葉を言い換えたりしながら、やや冗長と思われるくらいに説明するのです。そのほうが間違いなく相手も理解できます。

私たちは、自分が知っていることは、相手も知っているだろうと思ってしまう傾向があります。自分がよく使っている機械やコンピュータのソフトの操作を新人に教えるときには、少しだけ説明して、「わかった？　もう大丈夫でしょ？」などと言ってしまうところがあるので注意してください。

自分では十分だと思っていても、相手がしっかり理解できているかどうかはわかりません。説明はくどいくらいでちょうどいいのだと思います。

「私は心配性なので、もう一回最初から説明すると…」

「くどいヤツだと思われるかもしれないけど、結論をくり返させてもらうと…」

「何度も申し訳ないのですが、最後にもう一回だけ言うと…」

こんな感じで十分すぎるくらいに説明してあげないと、相手には伝わっていないことはよくあります。

「たぶん、理解できたよな」と思ってはいけません。人間はそんなに賢くありませんから、くどすぎるくらいでいいのです。

シカゴ大学のボアズ・キーザーは、80人の大学生を話し手と聞き手に分かれてもらい、話し手役に、曖昧な文書を読み上げてもらいました。

それから、話し手に「聞き手の人は、どれくらい内容を理解できたと思いますか？」と質問してみると、平均して72％は理解できたと思うと答えたのです。

けれども聞き手の人に質問してみると、平均して61％しか内容を理解できていないことがわかりました。

話し手は、聞き手の理解を過大評価してしまうのです。

仕事でも、プライベートでも「説明不足」がしょっちゅう起きてしまうのはそのためです。私たちは、聞き手がそんなに理解できていない、ということを見過ごしやすい傾向があるのです。

優秀な先生は、たとえば子どもたちに算数を教えたり、図工の時間で何かの制作手順を説明したりするときには、何度も、何度も同じことをくり返して伝えます。

自分では「くどいかな?」と思うくらいに詳しく説明してあげたほうが、子どもたちも理解できますし、やさしくて、丁寧な先生だと思ってくれます。

相手が大人であっても、聖徳太子でもない私たちは、1回だけ説明されてもよくわからないことのほうが多いのですから、何度もくり返してあげましょう。本当は理解していないのに、相手に「わかった?」と聞かれると、つい「はい」と答えてしまうこともありますので、「それでも念のためにもう一度説明しておくね」といってあげたほうが相手には好ましく評価してもらえます。

52 自分を客観視する

カルシウムが足りていないのか、とても怒りっぽい人の相手をしなければならないと、私たちはとても疲れます。

「なんだよ！まったく！」とののしり声のひとつも出したいところですが、こういうときには、ちょっと冷静になって自分を客観視してみるのがポイントです。

ミシガン大学のエイザン・クロスは、ケンカをしたり、不安を感じたりするときには、「私は…」と考えるのではなく、「ジェーン（自分の名前）は…」と考えるようにしたほうが冷静に自分を見つめることができ、そんなに感情的にならずにすませられると指摘しています。

上司に怒られているときには、幽体離脱した自分が、空中からその場面を眺めているような感じで、第三者的に実況中継してみましょう。

「おおっと、○○（自分の名前）が今、怒られております」

「○○はどんな気持ちでしょうか。おそらくは理不尽を感じているに違いありません」

「この叱責はいつまで続くのでしょうか」

こんな感じのことを心の中でつぶやいていると、怒りを感じたり、悲しみを感じたりするのを抑制できるのです。

イヤなことがあった日には、自宅に戻ってから日記を書いてみるのもいいですね。

ただし、日記をつけるときには、できるだけ客観的に書くのです。「私は悲しかった」ではなく、「○○が感じたのは、明らかに悲しみであった」というように、まるで他のだれかが書いているかのような視点を持つとよいでしょう。

大ぜいの人の前でプレゼンをするときにも、この方法は役に立ちます。

不安や緊張を感じるのなら、その感情を冷静に実況中継してみるのです。

「ふぅむ、どうやら○○は相当に緊張しているようですね。手がかすかに震えております」

「これだけ緊張していたら、うまくいかなくても当然だといえるでしょう」

「まずは軽く深呼吸してみましょうか」

などと自分自身に向かって話しかけていれば、少しは不安や緊張もなくせるのではないかと思います。

こういう実況中継をするようにしていると、不思議なくらい落ち着いてくるものです。

自分のことを第三者的に見るようにしていると、自分の感情の高ぶりを抑制することができるのです。科学者や医者にでもなった気持ちで、自分自身のことを冷静に見つめ直してみるのはとてもいい方法です。

53 伝えにくい報告をするときには、朝一番に

お客さまから一方的に契約破棄されてしまったとか、納期が遅れることになってしまったとか、売上が達成できなかった、というように伝えにくい内容の報告を上司にしなければならないときには、午前中のできるだけ早い時間帯がいいですよ。

なぜかというと、午前中のほうが人は元気いっぱいですし、まだ疲れていないので、ちょっぴりやさしい対応をしてくれるかもしれないからです。「まあ、しかたないよ」「今回は、まあいいよ」と大目に見てくれる可能性が高まります。

これが午後になったり、勤務終了間際だったりすると、疲れ果てていて心に余裕がありません。「なんで早く報告しないんだよ！」と、相当に怒られることを覚悟しなければならなくなります。

報告をするときには、時間帯というか、タイミングもけっこう重要です。

できるだけ心に余裕のあるタイミングを見計らって報告をしましょう。

私たちの心理状態というものは、時間帯によって変わってくるものです。

イスラエルにあるベン・グリオン大学のシャイ・ダンジガーは、１１１２件の裁判記録についての判決を調べてみました。

その結果、裁判官は、法律と事実に基づいて機械的に判決を下しているかというと、そんなことはないことが明らかにされました。

ダンジガーによると、裁判官も人の子なので、心身の調子がよい朝のうちには、被告に好ましい判決を多く下すことがわかりました。６割以上の判決が被告有利だったのです。ところがお昼が近くなると、お腹が空いてくるのか、疲れてきたせいなのか、ともかく被告に有利な判決はほぼゼロになります。とても厳しくなるのです。

お昼を食べた後には、休憩をはさんで気分がよくなるのか、ちょっと被告に有利な判決が増えました。ところが少し経つと、また厳しい判決が増えました。

ダンジガーの研究は、たとえ裁判官でも、心身の疲労の度合いによって判決が変わってくることを示しています。

私たちは、疲れていない状況のほうが相手に甘い評価をしてくれます。

というわけで、**上司やクライアントに伝えにくい報告をしなければならないときには、朝一番か、あるいはお昼休みのすぐ直後がもっともベストな時間帯だといえるでしょう。**そのほうが相手は疲れておりませんので、大目に見てくれるに違いありません。

悪い報告は、できるだけ早く上司に報告したほうがいいとビジネス書には書かれているものですが、勤務終了間際の場合に何か問題が発生したら、私なら翌朝まで報告を伸ばすでしょうね。そのほうが、上司にも大目に見てもらえそうですから。

54 ネガティブな人にはむやみに近づかない

「君子危うきに近寄らず」という言葉がありますが、不機嫌そうな顔をしている人のそばにはできるだけ近づかないようにしましょう。そういう人は八つ当たりをしてくるかもしれませんので、不用意に近づくと、とばっちりを受ける可能性が大です。

イヤな目に遭った人は、他の人にイヤなことをして憂さ晴らしをします。

こちらは何もしていないのに、憂さ晴らしの対象にされてはたまったものではありません。ですので、できるだけ距離をとっていたほうがいいのです。

ピッツバーグ大学のウィリアム・クラインは、自分がイヤな思いをした人は、他の人にもそうしようとすることを実験的に検証しています。

クラインは48人の大学生に、インチキな言語テストをやってもらいました。問題は15問あり、「もっとも意味の近い選択肢を選ぶ」というものだったのですが、実際にはどの選択肢もほとんど同じ意味で、どれが正解とも言い難いものでした。

終わったところでクラインは半数の人には「全然できていなかった」と不愉快なことを伝え、残りの半数には「15問中12問正解でしたよ、すごいですね」と伝えました。

それから参加者に、次の参加者のためにあなたはヒントを出すことができますと説明し、どのヒントにしますか、と聞いてみました。そのヒントとは次のようなものでした。

正解　「ZOOLOGY」（「動物学」という意味です）

ヒント

1「ZOO○○○○」

2「Z◯◯L◯◯Y」
3「Z◯O◯G◯」
4「◯◯◯OGY」
5「◯◯OLO◯◯」

ヒントの選択肢を見てもらうとわかりますが、1のヒントは簡単に正解を出せるようなヒントで、5になると、もうほとんどヒントになっていない、意地の悪いヒントです。

クラインは最初に自分が言語テストでイヤな思いをした人は、他の人にも嫌がらせしようとするので4か5のヒントを出すだろうと予想していたのですが、まさしくその通りになりました。

「あなたはよくできましたよ」と言われた人は2か3くらいのヒントを選んだのに（平均2・33）、「あなたは全然ダメでした」と言われた人は、3か4のヒントを選んだのです（平均3・80）。

自分がうまくいかなかった人は、他の人についても同じように足を引っ張って失敗させようとするのですね。

人間にはそういうイヤな心理もありますので、仕事でうまくいっていないとか、恋人とうまくいっていないような人のところには、なるべく近づかないほうが賢明です。

55 他の人のためにお金を使おう

みんなで食事をするときには、ほんの少しでもかまいませんので他の人よりも大目にお金を払いましょう。

ワリカンで食事をするとき、「一人3800円」と言われたときには、硬貨も含めてピッタリの金額を出すのではなく、4000円、できれば5000円を出してください。もっと頑張ることができるのなら1万円です。

ケチな人が好ましく評価されることはあり得ません。そういう人は、確実に裏で悪く言われるものです。

「ごめん、持ち合わせがないので明日でもいいですか?」と約束したくせに、他の人にお金を借りたことを翌日にはすっかり忘れる人がいます。みんなで食事会を開くとき、最初から財布を持ってこないとか、お金を持ってこない人もいます。他の人のお金を借りようという確信犯です。こういう人はものすごく嫌われます。

他の人のためにお金を使うのは、気持ちがいいことですよ。

自分に対してはケチでもかまいませんので、他の人に対しては気持ちよくお金を使うようにしましょう。

カナダにあるブリティッシュ・コロンビア大学のエリザベス・ダンは世界の136か国で調査を行い、そのうちの120か国において、「他の人にお金を使う人ほど幸福感が高まる」ことを突き止めました。これは、貧しい国でも、富める国でも同じでした。私たちは、他の人のためにお金を使うと、ハッピーな気持ちになれるのです。

他の人にお金を使うと、自分が気持ちよくなれるのですから、ケチな人は、せっかく自分がハッピーになれるチャンスを自分から失っているとも考えられるわけです。

知り合いの誕生日には、ちょっとしたものをプレゼントしてあげるとか、お客さまの会社を訪問するときには、みんなが食べられる水菓子をお土産に持って行ってあげるとか、女性ならバレンタインのときに職場の男性みんなにチロルチョコ（1個23円）を配るとか、そういうお金を喜んで使っている人は、人間関係で悩むことがほとんどないでしょう。

なぜなら、他の人に気持ちよくお金を使う人は、だれからも好かれるので、敵を作ることがないのです。

もちろん、よほどのお金持ちでなければ、そんなに大盤振る舞いはできないと思いますので、ほんの少しでもかまいません。金額の多寡はあまり関係ありませんので、自分のできる範囲で他の人のためにお金を使ってください。夏の暑い日には、1個100円のアイスでも奢ってあげれば相当に喜ばれるはずです。

56 早起きの習慣を身につける

人間のタイプは、朝型タイプと夜型タイプに分けることができます。

朝、起きてすぐでも調子がよくて、午前中からバリバリ仕事ができる人は朝型。起きてしばらくは頭も働かず、午後になってようやく調子が出てくるのが夜型です。

さて、いろいろな悩みを抱えやすいのは、朝型と夜型ではどちらのタイプなのでしょうか。正解を言えば、「夜型」です。朝型の人は、あまり悩みません。

ニューヨーク州立大学ビンガムトン校のジャコブ・ノタの調査によると、**朝型の人ほど、クヨクヨと心配したり、悩んだりしないそうです**。

もし読者のみなさんがあれこれと思い煩うことが多いタイプなのであれば、ひょっとすると夜型人間だからかもしれません。

ありがたいことに、朝型とか夜型というのは、生活習慣を変えることで、だれでも変えることができます。就寝時間を早め、起床時間も早めるようにすると、だれでも朝型人間になれるのです。

いきなり朝型に変わるのはムリですが、何週間かかけて、就寝時間を30分ずつ早めるとか、30分だけ早起きをするようにしていれば、自然に朝型人間になっていくでしょう。

夜型人間には、悩みが多いばかりでなく、イライラしがちだという問題もあります。

ドイツにあるハイデルベルク大学のクリストフ・ランドラーが5つの大学の学生432人について調査したところ、夜型人間のほうが、身体的にも、言語的にも攻撃性が高いことがわかりました。夜型の人は、カッとするとすぐに暴力を振るいますし、言葉でも人を攻撃しやすいのです。

夜型だと、怒りっぽい人間にもなってしまうのです。

だいたい夜型の人は、朝型の人に比べて、睡眠時間も短く、しかも睡眠の質も劣るということもわかっています。ぐっすり眠ることができないので、それによってイライラしやすいのだと考えられます。

さらにランドラーは、朝型の人は、夜型の人より、すべてに意欲的で、行動的であることも突き止めています。

いろいろなことを総合的に考えると、やはり朝型のほうに軍配が上がります。**朝型の人ほど、あまり悩みごとも感じませんし、他の人にイライラすることもありませんし、エネルギッシュに行動できます。**

できるだけ早起きの習慣を身につけましょう。

朝、目が覚めたらすぐにカーテンを開けて、お日さまの光を浴びてください。すぐに洋服を着替えてください。目が覚めているのに、いつまでもダラダラとお布団の中にいてはいけません。そういう習慣を身につけると、だれでも朝型人間になれます。

57 大きな目標は持たない

人生に目標を持つことはとても大切ですが、目標の高さも重要です。自分ではとうてい達成できないような目標を掲げても、目標がかなうことはありませんので、余計に落ち込むことになります。

カナダにあるコンコーディア大学のカーステン・ロッシュによりますと、「自分にはムリそうだな」という達成不可能な目標は、さっさと諦めてしまったほうが、うつの症状が減少し、ネガティブ感情も抱かなくなるそうです。

目標を持つのなら、「これなら自分でも何とかなりそう」と思えるようなレベルでなくてはなりません。

「目標を高く持て！」という人のほうが多いと思うのですが、とんでもない話で、「目標はできるだけ低く持つ！」としたほうが賢明です。低い目標なら、ほんの少し努力するだけで達成できるので、爽快な気分になります。ひとつの目標をクリアしたら、また他の低い目標を持てばいいのです。

少し話は変わりますが、莫大な財産を持ちたいとか、大豪邸に住みたいとか、そういうアメリカン・ドリームを持つことは果たしてよいことなのかどうかと疑問に感じて調べた研究者がいます。

イリノイ大学のキャロル・ニッカーソンは、1976年に21の大学に入学した新入生を、約20年後に追跡調査してみました。選ばれた21の大学では、新入生に対して、「あなたにとって経済的に成功することがどれくらい重要ですか?」という質問へのデータをとっていたのです。

その結果、大学一年生のときに「お金持ちになることは、私にとって重要」と答えていた人ほど、20年後には高い収入を得ていることがわかりました。大きな目標を持っていると、本当にアメリカン・ドリームを手に入れることができたのです。ここまではとてもいいお話です。

ところが、人生満足度について調べてみると、目標をかなえた人たちほど、逆に低いということもわかりました。

アメリカン・ドリームを達成するためには、それこそ仕事だけに生き、人生の多くのことや、家族を犠牲にしなければなりません。家族で旅行にお出かけをしたり、大笑いしながら夕飯を囲んでおしゃべりしたりするということもできないため、人生に不満を感じてしまうのです。

大きな目標を持つことは、実際のところ、そんなによいことでもないのかもしれません。せっかくお金持ちになれたとしても、ひとつも趣味を持っていないとか、家族と仲良くおしゃべりすることもないのであれば、人生の喜びや嬉しさは半減以下になってしまうのではないかと思われます。

達成困難な目標にチャレンジするよりは、仕事と家庭のバランスをとり、ほどほどに頑張るようにしたほうが、幸せな人生を歩めるのではないでしょうか。

第6章

もう人間関係で悩まない

58 そっぽを向いて話さないだけで意外に好かれる

職場でのポジションが高くなってくると、だれかに話しかけられても、そちらに顔を向けないことがあります。偉そうな人は、無意識にそうします。

けれども、相手と視線を合わせない人はものすごく嫌われますので、読者のみなさんはそういう人のやり方を真似てはいけません。

「○○さん」と話しかけられたら、必ず話しかけてきた人に顔を向け、ニコッと微笑んでから、「何でしょう?」と返事をしてください。意識的にそういうやり方をするようにしていれば、人間関係が悪くなることはありません。

「目を合わせない」というのは、相手の存在を無視すること。

そういう人が好かれるということは、まずありません。

きちんと相手の目を見ることで、「私はあなたのことを大切に思っています」というシ

きちんと正面向き　そっぽを向いている

	きちんと正面向き	そっぽを向いている
排除されたように感じる	2.08	3.23
無視されたように感じる	2.08	3.92
自尊心	3.32	2.65
否定的な感情	2.12	2.85

＊数値は5点満点。

（出典：Wirth, J. H., et al., 2010より）

グナルを送りましょう。視線はできるだけ外さないようにするのがポイントです。

米国パーデュ大学のジェームズ・ワースは、男女2名ずつのモデルが真正面を向いている、つまりきちんとアイコンタクトしているように見えるビデオか、そっぽを向いているビデオを作成し、26人の大学生に評価してもらいました。

その結果、上の表のような結果になりました。

同じ人物でも、そっぽを向いていると悪く評価されてしまうことがよくわかります。相手と視線を合わせないと、相手は無視されたように感じますし、自尊心が低くなってしまいますし、悲しみや不快感などの否定的な感情を高めてしまうのです。

どんなに恥ずかしがり屋だからといって、人と目が合ったときに、あわててそらすのは考えもの。せめて数秒はアイコンタクトを続け、それからゆっくりと視線をどこか他のところに向けましょう。

だれからも好かれるお医者さんは、患者さんを診察するときにきちんと相手の目を見ます。嫌われるお医者さんはパソコンのモニターばかり見ていて、患者さんには目を向けません。視線ひとつで好かれるのか、嫌われてしまうのかが分かれますので、気をつけましょう。

59 自分のことより他人のことを考えて行動する

「私の顔は美形だ」とはっきり言える人はそんなにいないのではないかと思います。たいていの人は、「ああ〜、木村拓哉さんみたいな顔で生まれたかった…」などと思っているに違いありません。

たしかに顔が美形であることは人生を送るのに有利でしょうが、だからといって顔だちですべてが決まるのかというと、そんなこともないわけです。

いや、むしろ顔だちよりも大切なことがあって、それは〝愛他性〟。

愛他性というのは、利己性の反対です。つまり、自分のことよりも他の人のために行動できるかどうかが重要なのです。

顔だちが少しくらいブサイクであっても、愛他性のある人はモテます。こういう話を聞くと、読者のみなさんの心も軽くなるのではないでしょうか。

英国ウースター大学のダニエル・ファレリーは、「彼は、川に落ちた子どもを助けるために飛び込んだ」といった愛他性があることがよくわかるエピソードのシナリオと、「彼は、すぐに消防に電話をした」といった普通のシナリオを作り、さらにそれぞれのシナリオには本人の顔写真を載せて評価してもらいました。なお、顔写真は、魅力的な男性と、そうでもない男性のものを用意しておきました。

そのシナリオと顔写真を202人の女性に見てもらい、「お付き合いする相手として望ましいと思いますか？」と聞いてみると、とても面白いことがわかりました。

魅力はイマイチであっても愛他的な男性は、魅力的ではあっても愛他的でない男性よりも、女性には高く評価されたのです。

顔だちが魅力的であるよりも、愛他性があるかどうかのほうを女性は重視するのです。「顔だちなんてどうでもいいのだ」とまではいいませんが、女性は男性の顔だけを見てお付き合いの相手を選んでいるのかというと、それは違うようです。

街中を歩いていると、「美女と野獣」のようなカップルを見かけることがあります。そういうことはよくあります。おそらく、男性のほうは顔がイマイチでも、愛他性の高い人なのでしょう。

職場で重いものを運んでいる人を見かけたら、快く手助けをしてあげるとか、座席はお年寄りに譲ってあげるとか、要するに親切なことをどんどんやってください。愛他性というのは、結局のところ、親切に他なりませんから。

最近は、だれでも自分のことばかりを考えていて、他の人のことを考えない人が増えましたから、ほんのちょっとでも親切にするようにすると、ものすごく高く評価してもらえるはずです。

親切な人は異性だけでなく、同性からもモテるでしょうから、自分の株を上げるためにも、どんどん親切な行為をしてみてください。

60 まずはオンラインで人間関係を作る

対面で人と会うことに不安を感じやすい人や、赤面してしまう人や、緊張してしまう人は、人間関係の形成には苦労するのではないかと思います。

そういう人は、現代のテクノロジーを活用しましょう。

具体的には、インターネットを使って、オンラインでお友だちや恋人を探すのです。

直接に顔を会わせずに、メッセージだけでやりとりするのなら、それほど不安を感じずにお付き合いができるはず。

「オンラインのお付き合いは、本物の人間関係とは言えないのでは？」

「オンラインでのお付き合いは、物足りないのでは？」

と思うかもしれませんね。

けれども、その点もご心配はいりません。最初のきっかけはオンラインであっても、そのうちに直接にお会いしましょう、という流れになるのが普通だからです。

オンラインでお互いのことをよく知り合うようになれば、実際にお会いすることになったとしても、そんなに緊張もしないでしょう。なぜなら、相手がどんな人なのかは、すでによく知っているわけですから。昔からの知り合いに会うようなものです。

ニューヨーク大学のカトリン・マッケーナは、男性234人、女性333人（平均32歳）に調査をお願いし、オンラインで知り合った人でも、63％は相手と電話をするようになりますし、54％は対面でも会うことを突き止めました。

オンラインだけで完結する、ということもないのです。

人付き合いが苦手な人は、どんな人に対しても不安を感じるのかというと、そうでもありません。慣れた人には、家族とおしゃべりするくらいに、気軽なおしゃべりもできます。苦手なのは、あくまでも「知らない相手」なのであり、「初対面の相手」なのです。

オンラインでじっくりとやりとりをし、お互いのことがよく理解できたところでお会いするようにすれば、対人不安を感じやすい人でも、そんなに緊張せずにすみます。

マッケーナは追加で実際に実験をしてみましたが、インターネットを通じてやりとりをさせた大学生は、対面でやりとりしたときより、お互いに好意を感じやすくなることも明らかにしています。オンラインのほうが、気兼ねなく「本当の自分」をさらけ出せますから、深い付き合いもできるのです。

「オンラインはちょっと…」と抵抗がある人もいるでしょうが、人間関係に悩んでいるだけで悶々としているよりは、テクノロジーでも何でも利用できるものは何でも利用したほうがいいように思います。

61 頭の回転を速くする

オーストラリアにあるクイーンズランド大学のウィリアム・フォン・ヒッペルは、とても興味深い仮説を思いつきました。それは、頭の回転が速い人（メンタルスピードが速い人）ほど、人間関係もうまくできるのではないかという仮説です。

頭の回転が速い人は、状況を素早く認識し、どんな行動が適切なのかを判断できます。ということは、人間関係においてもソツのない行動がとれるのではないかとフォン・ヒッペルは考えたわけですね。

この仮説を検証するため、フォン・ヒッペルは30問の一般教養の問題を用意し、どれだけ早く答えられるのかの時間を測定しました。また、仲間たちにどれくらい魅力を感じさせるのかも調べました。

その結果、頭の回転が速い人ほど、仲間たちからの評価も高いということがわかったのです。

頭の回転の速さは、人間関係のうまさにも関係してくるのです。

人間関係でしょっちゅういざこざを起こしてしまう人は、ひょっとすると頭の回転が鈍いという可能性もあります。できるだけスピーディに判断できるように訓練しておいたほうがよいかもしれません。

頭の回転の速さは、自分でも鍛えることができます。

制限時間を設けて、できるだけ早く数学の計算問題を解いてみるとか、クイズのような問題をスピーディに解いていくことなどで、頭の回転は速くなるのです。速読の練習もいいでしょう。

いわゆる「脳トレ」（脳みそのトレーニング）のゲームやスマホアプリで遊んでみるの

もよい訓練になると思います。頭を使うトレーニングでしたら、基本的にはどんなことでも頭の回転の速さを高めるトレーニングになるからです。

「どうすれば人間関係がうまくできるのだろう？」

「どんなことをすれば改善できるのだろう？」

と思っている人には、脳トレをおススメします。ゲームで楽しく遊びながら、人間関係のスキルも磨くことができると思いますよ。

頭の回転が速くなれば、状況を一瞬で把握できるようになりますし、目の前の人の微妙な表情の変化などもたちどころに見抜いて、ソツのない対応ができるようになります。そのため、頭の回転が鈍い人よりも、人間関係での間違いをすることが少なくなるのです。

62 評価の仕方を変える

たとえどんなに最悪な状況でも、その状況に対するモノの見方を変えれば、意外にすんなり納得でき、心理的に受け入れられるようになります。

わかりやすい例でいうと、スポーツ。

中学校や高校や大学で体育会系の部活動をしていた人なら体感的によくわかっていると思うのですが、何十キロも走ったり、何百回も素振りをしたりするのは、ものすごくイヤなはずなのに、「地区大会で優勝するため」と目的意識をはっきりさせれば、辛い練習も辛くなくなります。

意味もなく走ったり、身体を鍛えたりするのは苦痛でしかありませんが、「スリムになれば、異性にモテる」とか「スリムになればお客さまのウケもよくなり仕事もうまくいくはず」と考え方を変えれば、嬉しくて嬉しくて、ニヤニヤしながら取り組むことができるでしょう。

結局、どんなに辛い状況でも、モノの見方を変えればけっこう何とかなってしまうのです。

心理学では、こういう方法を〝再評価法〟と呼んでいます。自分の評価を違うものに変えるという意味です。

スタンフォード大学のジェームズ・グロスは、「イヤな気分を感じたら、状況についての考え方を変える」といった再評価法を自分でよく使っていると答えた人ほど、ポジティブな感情が高く、人間関係での問題も少なくなることを明らかにしています。

私たちは、自分では上司を選べません。よい上司に当たるかどうかは、運の要素が非常に大きいからです。

けれども、上司に対する評価は、自分で選ぶことができます。

たとえうんざりするほどの仕事を与えられても、「イヤな上司についちゃったな、ツイてないな」と思うこともできれば、「これだけ鍛えられれば、相当に自己成長できるだろう」と思うこともできるのです。

本人の評価次第で、心の受け止め方もずいぶん違ってくるのです。

同じ仕事をするのなら、どんなに辛い仕事であっても何らかの利益が得られると思いながら取り組んでください。そうすれば、辛くも何ともなくなります。

仲間外れにされることは、心理的にとても落ち込む状況ではあるものの、しょんぼりしてはいけません。「古い交友関係を見直し、新しい友人を作る、ちょうどいいチャンスだ」と思えば、どうでしょうか。自分を仲間外れにするような人たちとは、喜んで縁を切ることができるのではないでしょうか。

「丸い卵も切りようで四角」という言葉がありますが、モノの見方を変えると、どんなに苦しいことでも、私たちは受け入れられるのです。ものすごくポジティブな方向に状況の解釈を変えてみてください。飛び上がるほど嬉しくなるような考え方をするのがポイントです。

63 口論になりそうなら、さっさと土俵から降りる

言い争いをすることほどバカバカしいことはありません。相手とは険悪なムードになりますし、ヘタをすれば人間関係自体が終わってしまいます。

世の中のたいていの言い争いというものは、よくよく考えてみると、自分にとっては「どうでもいい内容」であることが多いのではないでしょうか。いちいち目くじらを立てて、鼻息を荒くして、人と口論するようなものでもないことが少なくありません。

目玉焼きにかけるのは、醤油なのか、ソースなのか、ケチャップなのかなど、本当にどうでもいいことです。それでも私たちは、自分がしていることと違うことをしている人に

は、ムキになって口論を仕掛けます。

もし口論になりそうなら、さっさと勝負の土俵から降りてしまったほうがいいですよ。口論するのは面倒くさいですから。

「なるほど、あなたの考えにも一理あるね」

「ふぅん、そういわれればキミの言う通りだ」

「ほう、その視点は私には欠けていたよ」

こんな感じのことをつぶやいて、早々に負けを認めてしまうのです。相手は、みなさんを言い負かしたように感じて気分がよいでしょうし、こちらはこちらで後々の面倒を避けることができるので、お互いにハッピーです。

カリフォルニア大学のスーザン・チャールズは、1031人の調査回答者を、若者（25歳～39歳）、中年（40歳～59歳）、年配者（60歳～74歳）と年齢で3つのグループに分けて、8日間、毎晩夜に電話をかけて、「今日は、どれくらいストレスを感じましたか？」と聞く一方、どれくらい口論を避けたのかを聞いてみました。

その結果、年配者ほどストレスを感じることが少なかったのですが、その理由は巧みに人との口論を避けているからであることがわかりました。

64 イエスマンになる

毎日、他人との口論を避ける割合を調べると、若者は5・7%、中年は8・4%、年配者は15・2%となりました。年配者ほど口論をしないのです。口論をしないので、ストレスも感じにくいのです。

口論をしたところで、どうせ相手はこちらの言うことを聞いてくれません。私たちは、自分の信念、考え方、価値観を基本的に変えないものだからです。なので、どんなに説得しようとしても、結局はムダな試み。年配になると、そういう人間の心理の機微をきちんとわかるので、そもそも口論をしないのです。ムダなことをすると、自分のエネルギーが奪われるだけだということが経験的にわかるのです。

人と言い争いをしたり、議論したりするのは、時間と労力のムダ使い。そんなところに力を入れる必要はありません。さっさと降参してしまったほうが利口です。

ビジネス書やビジネス雑誌を読んでいると、「イエスマンになってはいけない」と書かれた記事を目にすることがあります。

相手が上司や重役であっても、自分の意見はどんどんぶつけていくほどのバイタリティ溢れる人間がこれからは求められる時代だ、などともっともらしく書かれているので、「なるほど」と納得しそうになります。

けれども、これは間違い。

なぜかというと、自分に食ってかかってくる人を好ましく評価する人などいないからです。上司や重役は、確実に自分に食ってかかってきた人には悪感情を持ちます。そういう人が社内で出世していけるとは思えません。「あいつはうるさいから僻地か外国に左遷させるか」と思うに決まっています。

「イエスマンになってはいけない」というのは、あくまでも理想論なのであって、現実とは違います。現実には、上司や重役の言うことはホイホイと何でも聞き、喜んで従う人ほど出世、昇進していくものです。私たちは、イエスマンが大好きだからです。

オハイオ州立大学のスィーブン・カーは、ある製造工場と、保険会社の2社の社員を対象にして、「イエスマンになって上司に服従することをどう思うか」と聞いてみました。

すると製造工場の管理職のうち、88%はそれに反対しました。「うちの会社にイエスマンなんていらない」というわけですね。

ところが同じ会社の社員だと、37%は「イエスマンになることはよいことだ」と答えたのです。

保険会社でも同じでした。管理職の80%は「イエスマンはダメ」と答えたのに、社員は19%が「イエスマンになるのはよいこと」と答えたのです。

地位が上の人と下の人とでは、考え方がまるで違うのです。

偉い人の答えは、あくまでも理想論。けれども、社員はそれが理想論にすぎないことをよくわかっていて、もし上司に反対の意見などをしようものなら、恐ろしいことが起きるに決まっていることを理解しています。ですから、現実的に「イエスマンのほうがいい」と答えるのでしょう。

もしビジネス書を読んで、「なるほどイエスマンになってはいけないのか」と考え、重役が出席する会議において、重役の意見やアイデアに面と向かって反対したら、どうなるでしょうか。

おそらく、「若造のくせに何を言うか！」と一喝されてオシマイでしょうね。職場での自分の立場も、ものすごく悪くなってしまうでしょうね。重役や管理職の言う、「イエスマンになってはいけない」というのはあくまでもタテマエなのです。実際にその通りにしたら、とんでもなく怒られます。

お酒を飲むとき、「今夜は無礼講だ！」と社長が言ったとしても、社長に失礼なことをしても許されるのかというと、通常は決して許してもらえませんよね。「イエスマンになってはいけない」というのは、まさにそれと同じで、本当にその通りにするのは愚か者のすることであることをきちんと理解しておきましょう。

65 知らない人と少しだけおしゃべりする

友だちと呼べる人が一人もおらず、毎日がつまらないと感じているのなら、全然知らない人に話しかけてみるのはどうでしょう。ほんの一言、二言話すだけでも、気分は上向きになります。

シカゴ大学のニコラス・エプレイは、イリノイ州にあるホームウッド駅を利用している通勤客97人（平均49歳）に、かなり無理のあるお願いをしてみました。通勤の途中で車内にいる知らない人に声をかけ、頑張ってお話してもらうという実験です。

知らない人に声をかけるのは、相当な勇気がいると思うのですが、どうにかやってもらいました。話しかけられた乗客も、びっくりしたことでしょう。

後で調べてみると、知らない人に話しかけても平均14・2分話すことができ、しかも楽しく会話ができたと答えました。また、とても幸せで気持ちがよかったという答えも返ってきました。

私たちは、たとえ知らない人とでも会話をするとハッピーになれるのです。

というわけなので、読者のみなさんもどんどん知らない人に話しかけるようにしてみてください。

知らない人と会話をするというと、ハードルが高いように思われるかもしれません。その場合には、挨拶だけでもよいでしょう。

公園の中を歩いているとき、すれ違う人に出会うたび、「こんにちは〜」と声をかけてみてください。相手から返事が返ってこなくとも気にしないように。一方的な挨拶でよいのです。相手が犬を散歩させている途中なら、「かわいいワンちゃんですね」とひと言だけ声をかけて通り過ぎるようにしましょう。

会社に守衛さんがいるのなら、無視して通り過ぎるのではなく、「お疲れさまです」と挨拶してみましょう。これくらいならば、だれでもできるのではないでしょうか。

ほんのひと言の挨拶でも、だれかとしゃべったような気持ちになれますし、たいていの場合にはハッピーな気持ちになります。

私は大学の先生をしておりますが、私の講義を履修してくれている学生には、「こんにちは〜」と挨拶します。たまに、うつむいて頭をペコンと下げるだけで、挨拶を返してくれない学生もいますが、気にしていません。何回か声をかけていると、そのうち向こうから挨拶をしてくれるようになるからです。

会話をするのは難しくとも、挨拶くらいなら簡単にできます。しかも挨拶だけでも十分にハッピーな気分になれますので、ぜひ試してください。

66 スマホは必ずカバンの中にしまう

最近、打ち合わせをしているとき、テーブルの上にスマホを置く人が増えました。たいていの人は無意識のうちにスマホを目に見えるところに置いておくのですが、これはやめたほうがいいですよ。

なぜかというと、スマホをテーブルの上に出して置くということは、相手にとって失礼にあたるからです。スマホを出して置くということは、「もしだれかから電話があったら、私はそちらの人を優先しますよ」というサインになってしまいます。つまり、目の前の人を軽んじていることになるのです。

目の前の人を大切に思うのであれば、スマホはカバンの中にしまっておくべきです。スマホに気をとられていると、相手の話も頭に入ってきません。スマホをしまっておくことで、「私はあなたを大切に思っています」というサインを送るようにしましょう。

英国エセックス大学のアンドリュー・パージビルスキは、「ここ一か月間で起きた何か面白いこと」というテーマで、10分間の会話をしてもらいました。その際、テーブルの上に携帯電話が置かれている条件と、置かれていない条件を設けました。

10分の会話が終わったところで、「相手と友だちになれそうか？」と聞いてみると、携帯電話が置かれている条件では、「友だちになれそうもない」という回答が多く見られました。テーブルの上に携帯電話やスマホが置かれていると、相手は気分が悪くなり、こんな人とは付き合えないな、と感じるのです。

同じような研究は他にもあります。

イスラエルにあるインターディスプリナリー・センター・ヘルズリヤのY・アミチャイ＝ハンバーガーは、恋人のいる128人（平均26・7歳）に、恋人のスマホ使用について聞いてみました。

その結果、自分と一緒にいるときに恋人にスマホを使用されると、親密さを感じられなくなるということがわかりました。恋人である自分よりも、スマホの相手のほうを大切に思っているように感じてしまうからでしょう。

人に会うときには、スマホの電源を切ってカバンにしまっておくのがマナーだと私は思いますし、自分では絶対にそうしているのですが、最近は、本当にスマホを出したままにしておく人が多いので困っています。

たえずスマホを手にしていないと落ち着かない人は、いわゆる「スマホ依存症」になっていると思われます。そういう人は、知らないうちに相手を不愉快にさせている可能性が高いので、せめて人に会っている間くらいは、スマホの使用をやめましょう。

67 死にそうな思いをすることも、考え方によっては「アリ」

事故や病気で死にそうな思いをしたことは、とても辛い体験。

そういう体験をすることは、本人にとって相当な苦痛になると思うのですが、実際にそういう体験をした人に聞いてみると、意外に好ましく評価していることがわかっています。

アリゾナ州立大学のリチャード・キニアーは、自動車事故に巻き込まれたり、ダイビングで事故に遭ったり、ガンや心臓発作で九死に一生を得たりした人たちだけを募集し、「死に直面して何かが変わりましたか？」と聞いてみました。

すると、そういう体験から生き延びた人は、「お金や財産にあまり関心を持たなくなった」とか、「他人へのやさしさや奉仕精神が持てるようになった」とか、「日常的なことにあまり心配したり、悩んだりしなくなり、『どうにかなるさ』と考えられるようになった」など、きわめてポジティブに受け止めていることがわかりました。

死にそうな思いをすることにも、利益があるのです。

それまではワガママな生き方をしてきた人でも、事故によって家族からのサポートを受けるようになると、「やっぱり家族っていいなあ」「人間って、他の人に助けられて生きていけるのだなあ」といった気持ちが強まり、ワガママな自分を改めることができるかもしれません。

健康なときには、どうしてもそういう気持ちになれません。

何しろ、他の人の力などに頼らなくとも、自分で好きなようにできるのですから。これでは、他人に感謝しろというほうが難しいです。

その点、事故や病気になった人は、自分一人で何かをすることの限界を悟りますし、他の人のサポートがなければ生きていくことができないので、友人や家族、あるいは恋人のありがたみが実感としてよくわかるようになるのです。

健康なときには、お金持ちになりたいとか、大きな家に住みたいとか、いろいろな欲望を持っているのが普通ですよね。

ところが、死ぬような思いをすると、そういう欲望もきれいになくなります。死んでしまったら、いくらお金を持っていても無意味だということがわかるので、そんなにお金や財産に執着しなくなるのです。「生きていけるだけで幸せ」ということを、身をもって体感できるので、お金に縛られない生き方ができるようになります。

もし悲惨なことが自分の身に降りかかってきても、「考え方によっては、これも『アリ』だな」と思うようにしてください。そうすれば、悲惨な体験をも受け入れることができるようになります。

68 お礼と感謝の言葉を惜しまない

だれかに親切にしてもらったら、何度もお礼と感謝の言葉を伝えましょう。

1回だけ「ありがとう」と言って終わりにしてはいけません。翌日にも「昨日は、ありがとうございました」とお礼を言い、しばらく経った後にも、「あのときは助かりました。本当にありがとう」と3回くらい感謝するのがポイントです。

お礼を言われて、嬉しくない人などいません。

何度もお礼を伝えるたび、相手は自尊心がくすぐられ、まことに気持ちのいい状態になります。そして、自分のことを気持ちよくしてくれる人のことを嫌いになる人などいないのです。

コーネル大学のキャサリン・リッフィンは、身体の具合が悪くて介護を受けている人と、介護をしている人の312組を調べ、介護を受ける側が人当たりの良い人だと、介護する人も「介護疲れ」などを起こしにくく、心理的、身体的に健康でいられることを明らかにしています。

「いつも本当にすまないね」

「いくら感謝しても足りないくらいだね」

「嬉しくて涙が出ちゃうよ」

人当たりの良い人は、自分を介護してくれる人にいつでも感謝の言葉を忘れません。そのため介護をする人も疲れないのです。

せっかく介護をしてあげているのに、文句ばかり言われたらどうでしょうか。

「おいおい、もっと丁寧にできないの？」

「こっちはちゃんとお金を払ってるんだよ？」

「イタタタタ、そんな乱暴にされたら痛くてしかたないよ」

こんなことをぶつぶつ言われていたら、介護をする人もイヤな気持ちになるに決まっています。

お礼や感謝を述べるのは、相手との関係をスムーズにする潤滑油。ですので、お礼や感謝は何度でも言うほうがいいのです。

「アメリカで一番人当たりの良い人」と言われたベンジャミン・フランクリンは、お礼と感謝によって、敵対者すら自分の味方にしています。

フランクリンは、自分に対して親の仇のように噛みついてくる人に対して、「あなたは非常に珍しい本をお持ちだと聞いたので、少しだけ貸してもらえませんか？」という丁寧な手紙を書き、実際に貸してもらったそうです。それに対してフランクリンは感謝の手紙を送りました。

するとどうでしょう、次に議会で顔を合わせたときには、相手のほうからフランクリンに話しかけてきてくれ、その後はずっと仲の良い友だちになったそうです。(『フランクリン自伝』松本慎一・西川正身訳、岩波文庫)。

自分を嫌っている人には、何かちょっとした頼みごとをして、感謝してみるのもいいかもしれません。意外とすんなり仲良くなれるかもしれませんよ。

69 ラッキーアイテムを持ち歩く

迷信には、ネガティブなものが多く見られます。「鏡が割れると不吉」であるとか「数字の4は不吉」ですとか、「黒猫を見ると不幸な目に遭う」などです。

ところが、ポジティブな迷信というものもあります。

たとえば、「四葉のクローバーを持っていると幸せになれる」とか、「二重の虹を見ると幸せになれる」といったものです。

英国ハートフォードシャー大学のリチャード・ワイズマンは、ポジティブな迷信を信じて、ラッキーチャームやお守りや護符のようなものを身につけている人ほど、心が落ち着いて、神経質になりにくい、と述べています。

常識的に考えれば、四葉のクローバーを持っているからといって、いきなり幸運が自分のところにやってきてくれるわけがないのですけれども、「信じる者は救われる」のたとえ通り、ラッキーアイテムを持ち歩くようにすると、本当に幸せになれるのです。

インチキな薬でも、本人が「これは効くはず」と信じ込んでいると、本当に薬効が現れてしまうことがあります。プラシボ効果と呼ばれる現象です。

ラッキーアイテムにも、同じような効果が見られるのかもしれません。

ラッキーアイテムを持つことで、「これで自分は大丈夫」と信じることができるのなら、ラッキーアイテムを持ち歩くこともムダにはならないでしょう。

もともと何でも信じやすい人は、ぜひ自分なりのラッキーアイテムを持ってください。お守りでも、お札でも、パワーストーンでも、何でもかまわないと思います。プラシボ効果が働いて、自分に自信が持てるようになるかもしれませんし、不安を感じにくくなるかもしれませんし、お金持ちになれるかもしれません。

「迷信なんて非科学的だ」と思われるかもしれませんが、本当に効果はあるようです。プロのスポーツ選手が、ジンクスを持つのもそのためです。

オランダにあるエラスムス大学のマイケラ・シッパーズが、サッカー、バレー、ホッケーなどのトップ選手197人を調べたところ、何と80・3％もの選手が何らかのジンクスを信じて行動していました。

スポーツ選手は、試合の当日に特別な食事をするとか、特定の服や靴下を履くことで、「これで私は最高のパフォーマンスができる」と自分に言い聞かせるのです。

迷信やジンクスも、決して意味がないわけではありません。

非科学的かもしれませんが、ラッキーアイテムのようなものを身につけるようにするのは決して悪い作戦ではないと思いますよ。

あとがき

悩みというものは本人にとってはものすごく辛いものですが、当事者以外の人はその辛さがよくわかりません。心の痛みというものは、本人にしかわからないのです。

米国ウェイク・フォレスト大学のマーク・レアリーは、１９９５年から２００１年までに米国の学校で起きた銃乱射事件15件を分析してみました。

銃を乱射して無差別に人を殺そうとするくらいなのですから、よほど大きな理由があったのだろうと思うかもしれませんが、レアリーが調べたところ、15件中13件は、仲間外れや、クラスメートの悪口だとか、ごくごくささいな人間関係の悩みが原因だったといいます。

本人以外には「そんなに小さなことで…」と思われるようなことでも、本人にとってはものすごく大きな理由なのです。他の人からすれば、本当につまらない、ささいなことでも、人の心は大きく傷ついてしまうということはよくあります。

本書では、そういう人間関係の悩みを基本的に自分で解決するための処方箋をご紹介してきました。

本書で紹介してきたテクニックを使っていただければ、心の悩みも晴れてスッキリすると思います。悩みの種類にはさまざまなものがあると思うのですが、心が苦しくてどうしようもないと感じている人に、ぜひ本書のテクニックを実践していただきたいと思います。

私たちの悩みは尽きないと思いますが、思い悩むことがあるたびに、本書を読み直してください。心をスッキリさせる方法が必ず見つかると思いますよ。

徳川家康は、「人の一生は重き荷を背負いて、遠き道を行くがごとし。急ぐべからず」という遺訓を残しました。

人生においては、辛いこと、苦しいことがいくらでも起きますので、そういう覚悟をしておきましょう。

まったく悩みもなく生きていける人などおりません。

だれでも大なり小なり、いろいろな悩みを抱えています。

たまに悩みをまったく持っていないような人に出会うこともありますが、そういう人でさえ、おそらくは本人にしかわからない苦しみを抱えているのでしょう。人間なら、だれでも悩みがあって当然なのです。

さて、本書の執筆にあたっては、ぱる出版編集部の原田陽平さんにお世話になりました。

この場を借りてお礼を申し上げたいと思います。
最後になりましたが、読者のみなさまにもお礼を申し上げます。最後までお付き合いくださり、本当にありがとうございました。

内藤諠人

interpersonal conflict. Personality and Social Psychology Bulletin ,24, 88-98.
Tamir, D. & Mitchell, J. P. 2012 Disclosing information about the self is intrinsically rewarding. Proceedings of the National Academy of Sciences of the United States of America ,109, 8038-8043.
Twenge, J. M., Konrath, S., Foster, J. D., Campbell, W. K., & Bushman, B. J. 2008 Egos inflating over time: A cross-temporal meta-analysis of the narcissistic personality inventory. Journal of Personality ,76, 875-901.
Von Hippel, W., Ronay, R., Baker, E., Kjelsaas, K., & Murphy, S. C. 2016 Quick thinkers are smooth talkers: Mental speed facilitates charisma. Psychological Science ,27, 119-122.
Vonk, R. 1998 The slime effect: Suspicion and dislike of likeable behavior toward superiors. Journal of Personality and Social Psychology ,74, 849-864.
Vrugt, A. 2007 Effects of a smile reciprocation and compliance with a request. Psychological Reports ,101, 1196-1202.
Wing, R. R., Papandonatos, G., Fava, J. L., Gorin, A. A., Phelan, S., McCaffery, J., & Tate,
D. F. 2008 Maintaining large weight losses: The role of behavioral and
psychological factors. Journal of Consulting and Clinical Psychology ,76, 1015-1021.
Wirth, J. H., Sacco, D. F., Hugenberg, K., & Williams, K. D. 2010 Eye gaze as relational evaluation: Averted eye gaze leads to feelings of ostracism and relational devaluation. Personality and Social Psychology Bulletin ,36, 869-882.
Wiseman, R. & Watt, C. 2004 Measuring superstitious belief: Why lucky charms matter. Personality and Individual Differences ,37, 1533-1541.
Woolley, K. & Fishbach, A. 2019 Shared plates, shared minds: Consuming from a shared plate promotes cooperation. Psychological Science ,30, 541-552.
Wrosch, C., Miller, G. E., Scheier, M. F., & de Pontet, S. B. 2007 Giving up on unattainable goals: Benefits for health? Personality and Social Psychology Bulletin ,33, 251-265.

Jr. 2013 Care recipient agreeableness is associated with caregiver subjective physical health status. Journal of Gerontology, Series B: Psychological Sciences and Social Sciences ,68, 927-930.
Riela, S., Rodriguez, G., Aron, A., Xu, X., & Acevedo, B. P. 2010 Experiences of falling in love: Investigation culture, ethnicity, gender, and speed. Journal of Social and Personal Relationships ,27, 473-493.
Rudman, L. A., Phelan, J. E., & Heppen, J. B. 2007 Developmental sources of implicit attitudes. Personality and Social Psychology Bulletin ,33, 1700-1713.
Rydstedt, L. W., Head, J., Stansfeld, S. A., & Woodley-Jones, D. 2012 Quality of workplace social relationships and perceived health. Psychological Reports ,110, 781-790.
Schippers, M. C., & Van Lange, P. A. M. 2006 The psychological benefits of superstitious rituals in top sport: A study among top sportspersons. Journal of Applied Social Psychology ,36, 2532-2553.
Seery, M. D., Silver, R. C., Holman, E. A., Ence, W. A., & Chu, T. Q. 2008 Expressing thoughts and feelings following a collective trauma: Immediate responses to 9/11 predict negative outcomes in a national sample. Journal of Counseling and Clinical Psychology ,76, 657-667.
Sias, P. M., Gallagher, E. B., Kopaneva, I., & Pedersen, H. 2012 Maintaining workplace friendships: Perceived politeness and predictors of maintenance tactic choice. Communication Research ,39, 239-268.
Sprecher, S., Treger, S., & Wondra, J. D. 2013 Effects of self-disclosure role on liking, closeness, and other impressions in get-acquainted interactions. Journal of Social and Personal Relationships ,30,497-514.
Srivastava, S., Tamir, M., Gonigal, K. M. M., John, O. P., & Gross, J. J. 2009 The social costs of emotional suppression: A prospective study of the transition to college. Journal of Personality and Social Psychology ,96, 883-897.
St-Yves, A., Freeston, M. H., Jacques, C., & Robitaille, C. 1990 Love of animals and interpersonal affectionate behavior. Psychological Reports ,67, 1067-1075.
Suls, J., Martin, R., & David, J. P. 1998 Person environment fit and its limits: Agreeableness, neuroticism, and emotional reactivity to

Situational primes shape future helping. Journal of Experimental Social Psychology ,41, 423-430.
Nickerson, C., Schwarz, N., Diener, E., & Kahneman, D. 2003 Zeroing in on the dark side of American dream: A closer look at the negative consequences of the goal for financial success. Psychological Science ,14, 531-536.
Nota, J. A. & Coles, M. E. 2015 Duration and timing of sleep are associated with repetitive negative thinking. Cognitive Therapy and Research ,39, 253-261.
Park, C. L., Cohen, L. H., & Murch, R. L. 1996 Assessment and prediction of stress-related growth. Journal of Personality ,64, 71-105.
Paulhus, D. L. 1998 Interpersonal and intrapsychic adaptiveness of trait self-enhancement: A mixed blessing? Journal of Personality and Social Psychology ,74, 1197-1208.
Penney, A. M., Miedema, V. C., & Mazmanian, D. 2015 Intelligence and emotional disorders: Is the worrying and ruminating mind a more intelligent mind? Personality and Individual Differences, 74, 90-93.
Perkins, A. M., & Corr, P. J. 2005 Can worriers be winners? The association between worrying and job performance. Personality and Individual Differences ,38, 25-31.
Perrett, D., Penton-Voak, I.S., Little, A.C., Tiddeman, B.P., Burt, D.M., Schmidt, N., Oxley, R., Kinloch, N., & Barrett, L. 2002 Facial attractiveness judgements reflect learning of parental age characteristics. Proceedings of Royal Society of London Series B: Biological Sciences, 269, 873-880.
Przybylski, A. K., & Weinstein, N. 2012 Can you connect with me now? How the presence of mobile communication technology influences face-to-face conversation quality. Journal of Social and Personal Relationships ,30, 237-246.
Phattheicher, S., & Keller, J. 2015 The watching eyes phenomenon: The role of a sense of being seen and public self-awareness. European Journal of Social Psychology ,45, 560-566.
Randler, C., & Vollmer, C. 2013 Aggression in young adults: A matter of short sleep and social jetlag? Psychological Reports ,113, 754-765.
Riffin, C., Löckenhoff, C. E., Pillemer, K., Friedman, B., & Costa, P. T.

and Social Psychology Bulletin ,37, 879-892.
Malatesta, C. Z., Fiore, M. J., & Messina, J. J. 1987 Affect, personality, and facial expressive characteristics of older people. Psychology and Aging ,2, 64-69.
McConnell, A. R., Brown, C. M., Shoda, T. M., Stayton, L. E., & Martin, C. E. 2011 Friends with benefits: On the positive consequences of pet ownership. Journal of Personality and Social Psychology ,101, 1239-1252.
McFall, R. M., & Marston, A. R. 1970 An experimental investigation of behavior rehearsal in assertive training. Journal of Abnormal Psychology ,76, 295-303.
McKenna, K. Y. A., Green, A. S., & Gleason, M. F. J. 2002 Relationship formation on the internet: What's the big attraction? Journal of Social Issues ,58, 9-31.
McMillen, C., Zuravin, S., & Rideout, G. 1995 Perceived benefit from child sexual abuse. Journal of Consulting and Clinical Psychology ,63, 1037-1043.
Mehl, T., Jordan, B., & Zierz, S. 2016 "Patients with amyotrophic lateral
sclerosis(ALS) are usually nice persons" How physicians experienced in ALS see the
personality characteristics of their patients. Brain and Behavior ,6, doi:10.1002/brb3.599
Mercurio, A., & Rima, B. 2011 Watching my weight: Self-weighing, body surveillance, and body dissatisfaction. Sex Roles ,65, 47-55.
Millar, M. G., & Millar, K. 1995 Negative affective consequences of thinking about disease detection behaviors. Health Psychology ,14, 141-146.
Moreland, R. L., & Beach, S. R. 1992 Exposure effects in the classroom: The development of affinity among students. Journal of Experimental Social Psychology ,28, 255-276.
Murray, S. L., Bellavia, G. M., Rose, P., & Griffin, D. W. 2003 Once hurt, twice hurtful: How perceived regard regulates daily marital interactions. Journal of Personality and Social Psychology ,84, 126-147.
Nelson, L. D. & Norton, M. I. 2005 From student to superhero:

Kenny, D. A., & Nasby, W. 1980 Splitting the reciprocity correlation. Journal of Personality and Social Psychology ,38, 249-256.
Kerr, S. 1975 On the folly of rewarding A, while hoping for B. Academy of Management Journal ,18, 769-783.
Keysar, B., & Henly, A. S. 2002 Speakers' overestimation of their effectiveness. Psychological Science ,13, 207-212.
Kinnier, R. T., Tribbensee, N. E., Rose, C. A., & Vaughan, S. M. 2001 In the final
analysis: More wisdom from people who have faced death. Journal of Counseling and
Development ,79, 171-177.
Klein, W. M. P. 2003 Effects of objective feedback and "single other" or "average other" social comparison feedback on performance judgments and helping behavior. Personality and Social Psychology Bulletin ,29, 418-429.
Kowalski, R. M., & McCord, A. 2020 If I knew then what I know now: Advice to my younger self. Journal of Social Psychology ,160, 1-20.
Kross, E., Bruehlman-Senecal, E., Park, J., Bursun, A. B., Dougherty, A., Shablack, H., Bremner, R., Moser, J., & Ayduk, O. 2014 Self-talk as a regulatory mechanism: How you do it matters. Journal of Personality and Social Psychology ,106, 304-324.
Kubzansky, L. D., Kasachi, I., Spiro, A. Ⅲ ., Weiss, S. T., Vokonas, P. S., & Sparrow, D. 1997 Is worrying bad for your heart? A prospective study of worry and coronary heart disease in the normative aging study. Circulation ,95, 818-824.
Kushlev, K., Heintzelman, S. J., Oishi, S., & Diener, E. 2018 The declining marginal utility of social time for subjective well-being. Journal of Research in Personality ,74, 124-140.
Leary, M. R., Kowalski, R. M., Smith, L., & Phillips, S. 2003 Teasing, rejection, and violence:Case studies of the school shootings. Aggressive Behavior ,29, 202-214.
Levitt, M. J., Silver, M. E., & Franco, N. 1996 Troublesome relationships: A part of human experience. Journal of Social Personal Relationships ,13, 523-536.
Mackinnon, S. P., Jordan, C. H., & Wilson, A. E. 2011 Birds of a feather sit together: Physical similarity predicts seating choice. Personality

Farrelly, D., Clemson, P., & Guthrie, M. 2016 Are women's mate preferences for altruism also influenced by physical attractiveness? Evolutionary Psychology ,14,1-6.
Finkenauer, C., & Hazam, H. 2000 Disclosure and secrecy in marriage: Do both contribute to marital satisfaction? Journal of Social Personal Relationships ,17, 245-263.
Flynn, F. J., & Lake, V. K. B. 2008 If you need help, just ask: Understanding compliance with direct requests for help. Journal of Personality and Social Psychology ,95, 128-143.
Gilovich, T., Medvec, V. H., & Savitsky, K. 2000 The spotlight effect in social judgment: An egocentric bias in estimates of the salience of one's own actions and appearance. Journal of Personality and Social Psychology ,78, 211-222.
Greenier, K. D. 2015 Seeing you fall vs taking you down: The roles of agency and liking in schadenfreude. Psychological Reports ,116, 941-953.
Gross, J. J. & John, O. P. 2003 Individual differences in two emotion regulation processes: Implications for affect, relationships, and well-being. Journal of Personality and Social Psychology ,85, 348-362.
Hannes, S. 2016 Unmet Aspirations as an explanation for the age U-shape in wellbeing. Journal of Economic Behavior & Organization ,122, 75-87.
Helliwell, J. F., & Huang, H. 2011 Well-being and trust in the workplace. Journal of Happiness Studies ,12, 747-767.
Howell, J., Koudenberg, N., Loschelder, D. D., Weston, D., Fransen, K., de Dominicis, S., Gallagher, S., & Haslam, S. A. 2014 Happy but unhealthy: The relationship between social ties and health in an emerging network. European Journal of Social Psychology ,44, 612-621.
Hull, J. G. 1981 A self-awareness model of the causes and effects of alcohol consumption. Journal of Abnormal Psychology ,90, 586-600.
Joel, S., Teper, R., & MacDonald, G. 2014 People overestimate their willingness to reject potential romantic partners by overlooking their concern for other people. Psychological Science, 25, 2233-2240.
Karris, L. 1977 Prejudice against obese renters. Journal of Social Psychology ,101, 159-160.

Carstensen, L. L., Pasupathi, M., Mayr, U., & Nesselroade, J. R. 2000 Emotional experience in everyday life across the adult life span. Journal of Personality and Social Psychology ,79, 644-655.
Charles, S. T., Piazza, J. R., Luong, G., & Almeida, D. M. 2009 Now you see it, now you don't: Age differences in affective reactivity to social tensions. Psychology and Aging ,24, 645-653.
Coupland, J. 2000 Past the "perfect kind of age"? Styling selves and relationships in over-50s dating advertisements. Journal of Communication ,50, 9-30.
Cunningham, M. R. 1997 Social allergens and the reactions that they produce: Escalation of annoyance and disgust in love and work. In Aversive Interpersonal Behaviors , edited by R. M. Kowalski. New York: Plenum Press.
Danziger, S., Levav, J., & Avnaim-Pesso, L. 2011 Extraneous factors in judicial decisions. Proceedings of the National Academy of Sciences of the United States of America ,108, 6889-6892.
Dimberg, U., Thunberg, M., & Elmehed, K. 2000 Unconscious facial reactions to emotional facial expressions. Psychological Science ,11, 86-89.
Drummond, P. D., & Bailey, T. 2013 Eye contact evokes blushing independently of negative affect. Journal of Nonverbal Behavior ,37, 207-216.
Dunn, E. W., Aknin, L. B., & Norton, M. I. 2014 Prosocial spending and happiness: Using money to benefit others pays off. Current Direction in Psychological Science ,23, 41-47.
Dunning, D. & Story, A. L. 1991 Depression, realism, and the overconfidence effect: Are the sadder wiser when predicting future actions and events? Journal of Personality and Social Psychology ,61, 521-532.
Dwyer, K. K. & Davidson, M. M. 2012 Is public speaking really more feared than death? Communication Research Reports ,29, 99-107.
English, M. L., & Stephens, B. R. 2004 Formal names versus nicknames in the context of personal ad. Journal of Social Psychology ,144, 535-537.
Epley, N. & Schroeder, J. 2014 Mistakenly seeking solitude. Journal of Experimental Psychology: General, 143, 1980-1999.

《参考文献》

Alden, L., & Cappe, R. 1981 Nonassertiveness: Skill deficit or selective self-evaluation? Behavior Therapy ,12, 107-114.

Althagfi, S. S., AlSufyani, M. H., Shawky, O. A., Afifi, O. K., Alomairi, N., & Masoodi, I. 2019 The health anxiety in medical students, a comparative study from Taif University: Medical student's syndrome revisited. British Journal of Medical Practitioners ,12, a003.

Amichai-Hamburger, Y., & Etgar, S. 2016 Intimacy and smartphone multitasking – A new oxymoron? Psychological Reports ,119, 826-838.

Aucouturier, J. J., Johansson, P., Hall, L., Segnini, R., Mercadie, L., & Watanabe, K. 2016 Covert digital manipulation of vocal emotion alter speakers' emotional states in a congruent direction. Proceedings of the National Academy of Sciences of the United States of America ,114, 948-953.

Bégue, L., Bushman, B. J., Zerhouni, O., Subra, B., & Ourabah, M. 2013 Beauty is in the eye of the beer holder: People who think they are drunk also think they are attractive. British Journal of Psychology ,104, 225-234.

Bonanno, G. A. 2008 Loss, trauma, and human resilience:Have we underestimated the human capacity to thrive after extremely aversive events? Psychological Trauma:Theory, Research, Practice, and Policy ,S, 101-113.

Broadstock, M., Borland, R., & Gason, R. 1992 Effects of suntan on judgments of healthiness and attractiveness by adolescents. Journal of Applied Social Psychology ,22, 157-172.

Brooks, A. W., Dai, H., & Schweitzer, M. E. 2013 I'm sorry about the rain! Superfluous apologies demonstrate empathic concern and increase trust. Social Psychological and Personality Science ,5, 467-474.

Bryant, F. B., Smart, C. M., & King, S. P. 2005 Using the past to enhance the present: Boosting happiness through positive reminiscence. Journal of Happiness Studies ,6, 227-260.

Buunk, B. P. 2001 Perceived superiority of one's own relationship and perceived prevalence of happy and unhappy relationships. British Journal of Social Psychology ,40, 565-574.

内藤誼人（ないとう・よしひと）

心理学者、立正大学客員教授、有限会社アンギルド代表取締役社長。

慶應義塾大学社会学研究科博士課程修了。社会心理学の知見をベースに、ビジネスを中心とした実践的分野への応用に力を注ぐ心理学系アクティビスト。趣味は釣りとガーデニング。著書に『いちいち気にしない心が手に入る本：何があっても「受け流せる」心理学』（三笠書房）、『「人たらし」のブラック心理術』（大和書房）、『世界最先端の研究が教える新事実 心理学BEST100』（総合法令出版）、『気にしない習慣 よけいな気疲れが消えていく61のヒント』（明日香出版社）、『羨んだり、妬んだりしなくてよくなる アドラー心理の言葉』（ぱる出版）など多数。その数は250冊を超える。

人間関係《にんげんかんけい》に悩《なや》まなくなるすごい心理術《しんりじゅつ》69

2024年1月17日　初版発行

著　者　内　藤　誼　人
発行者　和　田　智　明
発行所　株式会社　ぱ る 出 版

〒160-0011　東京都新宿区若葉1-9-16
03（3353）2835―代表
03（3353）2826―FAX
印刷・製本　中央精版印刷（株）
本書籍に関するお問い合わせ、ご連絡は下記にて承ります。
https://www.pal-pub.jp/contact

ISBN978-4-8272-1428-4　C0034